U0523964

让智慧流动起来
是一名校长特别需要的领导力

让智慧
流动起来

新时代普通高中的
文化建设与育人实践

阮 旖 ◎著

华东师范大学出版社
·上海·

图书在版编目(CIP)数据

让智慧流动起来:新时代普通高中的文化建设与育人实践/阮滁著. —上海:华东师范大学出版社,2024
(新时代普通高中教育研究丛书)
ISBN 978-7-5760-4819-3

Ⅰ.①让… Ⅱ.①阮… Ⅲ.①高中-教学研究 Ⅳ.①G632.0

中国国家版本馆 CIP 数据核字(2024)第 051422 号

新时代普通高中教育研究丛书

让智慧流动起来
新时代普通高中的文化建设与育人实践

著　　者　阮　滁
策划编辑　彭呈军
特约审读　单敏月
责任校对　江小华
装帧设计　卢晓红

出版发行　华东师范大学出版社
社　　址　上海市中山北路 3663 号　邮编 200062
网　　址　www.ecnupress.com.cn
电　　话　021-60821666　行政传真 021-62572105
客服电话　021-62865537　门市(邮购)电话 021-62869887
地　　址　上海市中山北路 3663 号华东师范大学校内先锋路口
网　　店　http://hdsdcbs.tmall.com

印 刷 者　浙江临安曙光印务有限公司
开　　本　787 毫米×1092 毫米　1/16
印　　张　11.75
字　　数　171 千字
版　　次　2024 年 4 月第 1 版
印　　次　2024 年 4 月第 1 次
书　　号　ISBN 978-7-5760-4819-3
定　　价　58.00 元

出版人　王　焰

(如发现本版图书有印订质量问题,请寄回本社客服中心调换或电话 021-62865537 联系)

丛书总序：深入研究教育强国建设中的高中教育

我国已经达成全面建成小康社会的历史使命，进入创新型国家行列，其中包括建成世界上规模最大的教育体系，实现了高等教育普及化。建设教育强国成为了新时代中国教育改革发展的重要使命。2023年5月29日习近平总书记就教育强国建设进行了系统阐述，他指出："建设教育强国，是全面建成社会主义现代化强国的战略先导，是实现高水平科技自立自强的重要支撑，是促进全体人民共同富裕的有效途径，是以中国式现代化全面推进中华民族伟大复兴的基础工程。"2023年9月16日，《求是》杂志发表习近平总书记重要文章《扎实推动教育强国建设》，文章指出："当前，我国教育已由规模扩张阶段转向高质量发展阶段。要坚持把高质量发展作为各级各类教育的生命线，加快建设高质量教育体系，以教育高质量发展赋能经济社会可持续发展。建设教育强国，基点在基础教育。基础教育搞得越扎实，教育强国步伐就越稳、后劲就越足。要推进学前教育普及普惠安全优质发展，推动义务教育优质均衡发展和城乡一体化。基础教育既要夯实学生的知识基础，也要激发学生崇尚科学、探索未知的兴趣，培养其探索性、创新性思维品质。要在全社会树立科学的人才观、成才观、教育观，加快扭转教育功利化倾向，形成健康的教育环境和生态。"

教育研究是国家教育事业发展的重要组成部分之一。教育研究是教育理论生成与发展的载体，来自教育实践、依托教育实践和总结教育实践；同时，教育研究是教育理论与教育实践联系的桥梁，是教育实践改进与发展的推进者之一。显然，在建设教育强国过程中，需要有教育研究的参与和贡献，更需要教育研究面向不断发展的中国教育实践，服务并促进各级各类教育的改革与发展。在基础教育领域，教育研究必须在如何使基础教育成为教育强国的"基点"上做文章、下功夫和出成果。2023年7月

《教育部国家发展改革委财政部关于实施新时代基础教育扩优提质行动计划的意见》强调提出,要"坚持以习近平新时代中国特色社会主义思想为指导,全面贯彻党的教育方针,落实立德树人根本任务,发展素质教育,推进基本公共教育服务均等化,显著扩大基础教育优质资源,加快构建幼有优育、学有优教的高质量基础教育体系,更好满足人民群众'上好学'的美好愿望,着力培养德智体美劳全面发展的社会主义建设者和接班人"。这也是对基础教育研究提出的要求。

华东师范大学基础教育改革与发展研究所(简称"基教所"),作为教育部人文社会科学重点研究基地之一,始终以"把握社会转型特征、深入研究基础教育当代问题,扎根中国教育实际、动态建构21世纪新型学校,发挥学科综合优势、大胆探索教育研究创新道路"为宗旨,从宏观的教育制度与政策研究、中观的学校转型性研究以及课程、教学、教师与学生发展等微观层面展开了高质量的研究,并取得显著成效。其中,普通高中教育始终是研究所主要研究领域之一,出版了"当代中国普通高中教育研究报告丛书",其中包括教育部哲学社会科学发展报告建设(培育)项目"中国高中阶段教育发展报告"(2012年至2020年各年度)。

在2018年全国教育大会之后,根据2019年中共中央、国务院《中国教育现代化2035》与《国务院办公厅关于新时代推进普通高中育人方式改革的指导意见》,基教所增设了"普通高中育人方式改革研究中心",旨在进一步强化研究团队建设与提升普通高中教育能力。近年来,普通高中教育研究团队按照基教所整体规划和要求,积极参与我国普通高中教育改革与发展的实践,与全国各地教育研究者和高中学校开展合作研究,共同探讨新形势下高中教育(尤其是普通高中)改革与发展的政策与理论以及学校改进与变革,并开始产生了一些研究成果及观点。在基教所与华东师范大学出版社的共同支持下,研究团队编辑出版"新时代普通高中教育研究丛书"(以下简称"丛书")。

"丛书"编撰遵循以下原则。一是聚焦解读与改进新时代普通高中教育政策。"丛书"以习近平总书记关于教育的重要论述为指导,聚焦当前我国普通高中教育领域的各项改革政策及其实践,如考试与招生制度改革、课程改革、育人方式改革、办学活力、县中提升、扩优提质以及高中阶段学校多样化等,努力以系统而科学的研究,分析与解读、讨论与审视、总结与提炼这些政策及其实践,努力促进这些改革政策的实施及完善。二是聚焦助力与推进高中学校改革与发展的创新实践。"丛书"将努力体现问题导向、行动实践与创新案例的研究成果,阐述与传播我国高中学校自主发展、创新发展和可持续发展的实践举措与成功经验,展示新时代我国高中学校的办学模式创新与办学成效提升,尤其是学校在全面落实立德树人根本任务中的特色发展、制度建设、课程建设以及教师发展等。三是聚焦提出并促进中国高中教育理论研究的创新。中国教育发展已经从量变转向质变,建设教育强国是中国式现代化的重要方面。按照2016年习近平总书记在哲学社会科学座谈会上提出的"加快构建中国特色哲学社会科学"要求,在中国特色高中教育理论的指导思想、学科体系、学术体系、话语体系等方面提出思考与思想,展现面向未来发展的高中教育中国观点与理论。

面对百年未有之大变局,随着教育强国建设实践的推进,教育理论研究永远在路上。新时代的中国教育理论研究者必须不仅要有正确的思想站位,把握中国教育的本质与特色,而且还要有积极的行动自觉,践行走入实践、研究实践与改进实践的理论工作者责任。感谢研究团队成员及各位作者的参与和贡献。期待"丛书"早日出版。

朱益明

自 序

7年前,我开始担任亭林中学校长,带领小伙伴们探索"以体育人"教育理念在校园环境、育人文化、校家协同等等层面的落地落实。这本书记录、呈现了这些"让智慧流动起来"的时刻:它既是我作为校长对教育事业、办学理念、团队建设、学校治理等等方面的阶段性反思,也是作为重要"智慧贡献者"的小伙伴们个体蜕变与团队成长的过程性见证。

本书在结构上共分八章。第1章和第2章主要讨论我是如何理解办好"家门口的好学校"这一问题,分别从国家政策、学者观点、区域规划、校情学情着眼,尝试从一名普通校长的视角理解什么是高质量发展的高中,如何办好让家长认可、师生认同的学校。第3章主要呈现了体育特色课程群从无到有的过程,我们是如何一步一步探索尝试的。第4章和第5章主要谈团队建设的两个方面,一是我们的"小伙伴"如何与校外的专家学者互动,如何在这个过程中成长蜕变;二是我们的"小伙伴"如何在校内共同成长。第6章立足于生活育人这一理念,呈现了我们努力营造的学校氛围在学生身上映射出哪些不一样的色彩,学生是如何体验、理解在学校每天的生活的。第7章主要从制度、领导力的层面尝试总结我与小伙伴们是如何就发展愿景达成共识、完善制度建设、引领学校的文化建设等等。第8章既是"承前"也是"启后",是对此前工作的梳理总结,也是我调任张堰中学校长后,站在新的起点对未来的展望与探索。

"让智慧流动起来"的方式方法有很多,但最具光阴质感的莫过于流淌在学校生活之中的那些只言片语。从这个想法出发,每一章的开篇都使用了我在不同场合的讲话、发言,作为该章的引子,希望能把我的"理念"与每章的内容融为一体,也希望能通过每一章的文字把这些碎片化的"想法"连点成线,织就一张每个小伙伴都能找到自己身影的智慧之网。

  本书从立意到成书,有太多的人需要感谢。首先要感谢多年来一直深度参与、见证"以体育人"故事发展的小伙伴们,感谢他们在共同的教育理念驱动下溪流汇聚、终成江河的坚韧与执着。其次,感谢华东师范大学出版社彭呈军老师对书稿修改与出版的关心。最后,特别感谢华东师范大学教育学系朱益明教授对这本小书的肯定,得以作为他主编的"新时代普通高中教育研究丛书"的一册出版,让小伙伴们的集体智慧或可在更广的范围流动起来。

阮琦

2024年2月20日

目录

第1章 一名校长眼中的"家门口的好学校" / 1

一、"让每个学生都有人生出彩的机会" / 5
二、"让每位教师都有持续改进的动力" / 11
三、"让每位家长都能关心学校的发展" / 13

第2章 如何办一所"家门口的好学校" / 15

一、求同:如何深度融入区域教育发展? / 17
二、存异:如何构建可持续的特色发展? / 22

第3章 "认真玩":体育特色课程的校本探索 / 27

一、理念:运动乐园、体育公园、健康学园 / 29
二、课程:以体育人的实践载体 / 31
三、专业:以体育人的发展框架 / 52
四、成效:以体育人与自我认知 / 57

第4章 "闲聊即学习":基于U-S合作的教师发展 / 69

一、跨界:项目化学习的广度探索 / 71
二、碰撞:课例设计中的不断尝试 / 80
三、融合:思维拓展的深度与锐度 / 92

第5章 "氛围组"的温度:"小伙伴"与团队建设　　/ 97

一、"见差异":"不同"作为底色　　/ 99
二、"谋共识":"趋近"即是气质　　/ 101
三、"聚心力":雕琢时间的质感　　/ 103

第6章 "抵达各自的远方":生活育人与学生多元发展　　/ 109

一、仰望星空:向往的生活便是远方　　/ 112
二、莫逆于心:共同的生活即是诗篇　　/ 117
三、乐见不同:多样的成长方能致远　　/ 128
四、凝视远方:生活育人的制度保障　　/ 131

第 7 章 "让智慧流动起来":制度文化与分布式领导　/ 143

一、以校为家:共同愿景与组织氛围　/ 145
二、张弛有度:制度建设与文化浸润　/ 150
三、学会决策:分布式领导与价值引领　/ 154

第 8 章　余音:如何写好高中多样化发展的新篇章　/ 157

参考文献　/ 169

表目录

表 2-1　2018 年亭林中学发展 SWOT 分析　/ 20

表 3-1　大学先修课程菜单　/ 36

表 3-2　体育类学生社团　/ 37

表 3-3　2021 学年"一班一品"艺术体育项目　/ 37

表 3-4　学生研究性学习课题及项目学习选题方向　/ 38

表 3-5　亭林中学主要学生赛事　/ 39

表 3-6　亭林中学特色课程学习目标框架和素养评估标准　/ 40

表 3-7　亭林中学综合运动教育框架　/ 53

表 3-8　综合运动教育：家长指导策略　/ 54

表 3-9　样本基本情况　/ 57

表 3-10　体育活动的感知有用性　/ 59

表 3-11　16 种人格因素的方差分析结果　/ 63

表 3-12　不同班级类型学生差异显著的人格因素　/ 66

表 4-1　项目化学习教师校本培训课程　/ 75

表 4-2　"1+X"跨学科项目化学习教师团队项目列表　/ 76

表 4-3　亭林中学项目化学习教师团队发展阶段　/ 76

表 4-4　亭林中学教师项目化活动设计方案汇总表　/ 78

表 4-5　亭林中学教师融合育人课堂教学案例汇总表（部分）　/ 86

表 6-1　亭林中学全员导师融合育人任务分解　/ 134

表 6-2　生涯教育与学科教学融合情况汇总表　/ 135

表 6-3　行规教育分解　/ 137

表 6-4　行规教育特色课程示例　/ 139

表 8-1　张堰中学的 SWOT 矩阵　/ 167

图目录

图 3-1　上海体育大学附属金山亭林中学课程框架　/ 32

图 3-2　上海体育大学附属金山亭林中学"以体育人特色课程"
　　　　图谱　/ 33

图 3-3　"三身"课程内容　/ 34

图 3-4　"三全三贯通"之亭中模式　/ 35

图 3-5　智慧运动创新实验室各数据库应用示意图　/ 49

图 3-6　16种人格因素得分均值　/ 61

图 3-7　不同班级类型学生的16种人格因素均值对比　/ 66

图 4-1　"融合育人"背景下项目化课堂教学变革实施策略图　/ 73

图 4-2　"融合育人"背景下项目化课堂教学实施策略图　/ 74

图 4-3　"PBL模式助推高中地理五育融合的思考与实践"案例节选　/ 79

图 6-1　校内外生涯教育网络　/ 132

图 8-1　张堰中学存在优势的词云图　/ 161

图 8-2　张堰中学存在劣势的词云图　/ 162

图 8-3　张堰中学面临机会的词云图　/ 164

图 8-4　张堰中学面临挑战的词云图　/ 166

第 1 章

一名校长眼中的"家门口的好学校"

"她学校的老师、孩子们总是有发自内心的笑脸,她也喜欢端着咖啡和孩子们扎堆热聊'八卦',她是本届唯一的高中校长,是同学们眼中亲切的'校长妈妈',她是阮旖校长。"

——2023以体树人教育研讨会暨第四届以体树人校长年度盛典颁奖词

2023年12月14日，在中国教育发展基金会支持下，蔡崇信公益基金会在杭州举办了"2023以体树人教育研讨会暨第四届以体树人校长年度盛典"。我有幸和来自全国9个省市的9位中小学校长一起入榜这一届的"以体树人校长计划"。这既是对我工作的肯定，也是对我的教育理念、办学方法的鼓励。

自2017年开始，我分别在两所各具特色的高中任校长。2017年2月，我来到亭林中学担任校长，带着小伙伴们探索在高中阶段以体树人的教育理念。2023年9月，按照组织安排，我从亭林中学来到张堰中学，开启一段新的探索旅程。在两所高中的工作实践，让我不断思考应该如何把一所学校办出质量、办出特色、办出口碑。这可能既是身处"校长"岗位需要思考的问题，也是一名普通教育工作者需要不断追问的重要问题。这本书便是对以上问题持续探究的阶段性回答。这本书围绕"如何办一所家门口的好学校"这一问题，以"让智慧流动起来"为核心理念，分别从政策理解、课程建设、教师团队建设、学生发展等方面讨论学校文化建设与育人实践的多样可能。

想要回答"如何办一所家门口的好学校"，可能首先要明确两个问题：一是在专家学者们眼中，什么样的学校是"家门口的好学校"；二是我作为校长，如何理解、想象怎样的学校才算是"家门口的好学校"，这直接影响到在日常管理服务工作中，我是如何带领团队、全校师生建设我们的学校的。

从专家学者们的角度，"家门口的好学校"是高质量教育体系，尤其是高质量的基础教育体系的重要组成部分。也因此，建设一所新时代的好学校首先要明确"高质量"的内涵。2016年9月，习近平总书记在考察北京市八一学校时，站在实现人类社会公平正义的历史高度,明确提出了"教育公平是社会公平的重要基础,要不断促进教育发展成果更多更公平惠及全体人民,以教育公平促进社会公平正义"的重要论断。增强教育体系的灵活性、便利性,为不同学段的学生提供准入和退出机制,有助于达成更高层次的教育公平。[①] 有学者认为,"建设高质量的教育体系,其着眼点在于提升质量,其内涵为促进高质量的教育公平与更公平的高质量教育"。[②] 这意味着,公平和质量的结合程度是界定何为"高质量教育体系"的重要标准。杨清溪和柳海民提出要实现义务教育高质量发展就是要实现优质均衡,在努力缩小发展差距、实现基本均衡的同时,承认发展差异,鼓励特色发展和优质发展,按照"底线标准+特色发展"的理念重新定义均衡样态,探索按照"低、中、高"三级国家义务教育均衡发展标准梯度。[③] 此外,还有学者认为高质量课程建设是基础教育高质量发展的根本,高质量课程建设要坚持"立德树人、人民满意、守正创新"三个原则,包含建设高质量课程与课程高质量实施两部分,前者指向课程目标的"高一致性"、课程内容的"高联结性"、课程结构的"高具身性"以及课程评价的"高精准性",后者包括有效执行多元课程治理、全力搭建课程信息化平台以及扎实推进高水平教师队伍建设。[④]

从一线教育工作者的角度看教育公平,也许不仅仅指向让所有孩子有书读、读好书,可能还指向学生的多元发展、个性发展,让每个孩子都能体验到读书的快乐、成长的快乐。也正是在这个意义上,这样的"公平"亦会因为学生们的投入而提升课程建设和实施的质量、教学的质量,因为学生们的快乐成长而让育人质量的提升成为水到渠成的事情。

[①] 杨银付,王秀江.在教育公平之路上砥砺奋斗[N].中国教育报,2019-10-10(06).
[②] 薛二勇.统筹协调建设高质量的教育体系[N].中国教育报,2020-12-02(02).
[③] 杨清溪,柳海民.优质均衡:中国义务教育高质量发展的时代路向[J].东北师大学报(哲学社会科学版),2020,(06):89—96.
[④] 李刚.新时代我国基础教育高质量课程建设[J].课程·教材·教法,2021,41(11):35—41.

一、"让每个学生都有人生出彩的机会"

> 我希望未来的他们会更有主见、更有责任心并具备创新能力。因此学校会加大力度培养学生的逻辑思维能力、批判性思维能力、创造性思维能力。这是时代新人必须具备的能力,特别是打造科技强国,我们的娃娃是接班人、建设者。我在加拿大做了近一年的访问学者,对批判性思维能力和项目化学习有专项的研究和学习,批判性思维,不仅仅是质疑,更不是唱反调,而是通过分析,基于实证与分析,对某个信息作出正确判断,然后联系实际,反思还可以借鉴这个结论做点什么。
>
> ——在高一年级家长会上的分享

对高中教育而言,学生的培养目标与高中教育、学校的发展定位紧密相关。关于高中教育的发展定位,专家学者们主要分为两个历史时期来谈,分别是 21 世纪初与新时代的高中教育定位。

在 21 世纪初,我国开启了第八次基础教育课程改革以适应现代化发展。在《普通高中课程方案(实验)》中强调课程结构的基础与多样选择统一,课程目标上由过去的增长知识转向提升能力。学界在此阶段的研究主要集中在高中教育目标以"培养人的素质"为指向。崔允漷、周海涛从学会认知、学会做事、学会共处、学会生存"四个学会"和社会化、素质化、个性化的角度讨论了普通高中的培养目标问题。[①] 张华、李雁冰在

---

① 崔允漷,周海涛.试论普通高中的独立价值:性质、任务和培养目标[J].全球教育展望,2002,(03):7—11.

一项针对高考落榜生的研究中围绕"你认为工作中最需要的素质是什么"和"你认为高中应该加强培养的素质是什么"两个问题,发现健全的心理素质、综合运用知识解决实际问题的能力、人际交往能力、竞争意识、接受新知的能力、一定的专业技能是高中教育应加强培养的,对此他们认为应增设适应时代需要的课程领域或课程门类,构建重基础、多样化、有层次、综合性的课程结构,培养学生的创新精神和实践能力,并赋予每一所学校合理而充分的课程自主权,使课程改革建基于每一所学校的成功、每一个学生的成功。① 卢立涛首先明晰了高中教育作为连接九年义务教育和高中后教育的纽带,起着承上启下的特殊作用,其发展状况也成为衡量一个国家综合经济实力和智力资源的重要标志,其次结合全球化、信息科技迅速发展以及世界各国加速规划教育发展的时代背景,得出建设注重升学、就业、全人三维目标统一,学校类型多元化与课程结构多样化的高中教育体系已成为全球趋势的结论。② 霍益萍、黄向阳等人发现我国普通高中教育单一的办学模式与学生和社会多样化的需求形成矛盾,已不再适用高中教育大众化阶段,因此,基于国际视野下的普通高中教育改革要站在全民终身教育的高度,将改革的范围扩大到整个高中教育阶段,强调与社会相联,以适应处于不同发展阶段的每个学生的需要,其中我国中长期普通高中教育发展的规划应以办学模式多样化为切入点,整体重构高中教育体系。③

  2013年我国进入全面深化改革的新时期,高中教育的价值定位再次在学界引起关注,这一阶段以讨论高中教育的衔接角色为特征。张华梳理了关于普通高中定位的讨论,总结发现"大学预科"说的合理之处在于重视了普通高中教育的工具价值之一,即大学准备功能,但其潜在危险是容易陷入工具主义泥淖;"基础+选择"观的合理之处在于重申了普通高中教育的内在价值,但其缺憾是对工具价值重视不够,因此普通

---

① 张华,李雁冰. 我国普通高中课程改革的目标[J]. 教育发展研究,2003,(10):7—11.
② 卢立涛. 全球视野下高中教育的性质、定位和功能[J]. 外国教育研究,2007,(04):35—38.
③ 霍益萍,黄向阳,李家成. 多样、开放、灵活:普通高中教育体系的构建[J]. 教育发展研究,2009,(18):15—18.

高中教育改革与发展要以工具价值和内在价值的统一为价值基础。① 石中英在2014、2015年前后发表两篇文章谈论高中教育的任务,他提出普通高中教育改革在政策制定和实施过程中首先要对其性质予以全面把握、辩证分析和具体理解,在传统意义上,普通高中教育是基础教育的高级阶段,具有基础性,然而伴随高中教育事业的发展和高中课程改革的深化,我国普通高中教育开始呈现出"普通的""高中阶段的"教育,具有"普通性""引导性""基础性""预备性""大众性""教育性"等比较丰富的性质。② 随后,围绕高中教育双重任务的问题,指出伴随高等教育的大众化和高中教育的普及化,关于普通高中教育任务的表述,应该在继承传统双重任务的基础上做进一步的扩展和整体化理解,具体包含"五项任务":为成人做准备(人格教育)、为未来公民做准备(公民教育)、为终身发展做准备、为升学做准备以及为就业做准备,并规定了这五项任务的排列顺序意味着普通高中教育任务价值上的优先性和前后之间的逻辑与实践关联。③ 朱益明则认为,普通高中多样化发展是高质量普及高中教育的需要与体现,也要求学校更为关注学生的主动性、学习质量、责任感和能力培养,因此,新时期普通高中教育应以建构丰富多样的学校生态为目标,促进人才培养的多样化,增强普通高中教育的可选择性。④

  学界关于高中教育的性质与定位在两个历史时期呈现不同侧重点,但都认为普通高中作为教育系统的一部分,具有独特的性质和价值定位。这些研究都关注到高中教育在学生全面发展中的作用,包括学术准备、个性发展和社会适应能力,并结合对国际课程改革趋势的洞察,认为课程结构的多样化、适应信息科技发展和全球化的需求应成为高中教育目标的重点。

---

① 张华.论我国普通高中教育的性质与价值定位[J].教育研究,2013,34(09):67—71.
② 石中英.关于现阶段普通高中教育性质的再认识[J].教育研究,2014,35(10):18—25.
③ 石中英.关于当前我国普通高中教育任务的再认识[J].清华大学教育研究,2015,36(01):6—12.
④ 朱益明.新时代普通高中学校发展定位与导向[J].人民教育,2020(23):13—16.

新型发展观与质量观的重建是高中教育实现高质量转型的根本。李建民和陈如平认为高中教育是国民教育体系中的重要组成部分,是衔接义务教育和高等教育的重要环节,具有承上启下的重要作用。他们认为,要实现《中国教育现代化 2035》所提出的"全面普及高中阶段教育"的发展目标,就要以"普及"为基点,以建设中国特色高中阶段教育为重要内容;以学习大国、人力资源强国和人才强国的建设为内在追求;以辨析基本关系为抓手,以厘清其中所包含的价值问题为理论支撑。育人模式作为解决培养怎样的人和怎样培养人的回答,是育人价值导向的集中体现,在新时代普通高中教育发展进入内涵发展阶段的背景下,被赋予更高要求。①

高考制度是高中教育的指挥棒,关系到高中教育的目标与评价,摆脱"唯分数论"的高考改革也成为推动高中高质量教育的动力。目前,学者们主要从课程设置、学生评价和教师评价几个方面围绕新高考改革制度做出探讨。首先,在新高考改革指挥棒下,高中教育的整体规划与内涵发生转变。边新灿认为新高考改革的三大背景契合高中新课改,两者具有共同的价值取向,分类评价、多元选拔格局的形成是对高中教育多样化发展的呼应和促进;扩大选考是对中学教育选择性提升的推动与挑战;不分文理和评价体系与机制改革是对学生全面发展的追求和促进。

总之,新高考改革呼吁高中教育迈向多样化、特色化办学,完善过程评价体系和综合评价机制,促进学生全面、个性发展。② 周彬以上海、浙江为新高考改革的蓝本,指出两地的高中教育实现四大转型:在育人模式上,从过度重视学生选拔向丰富学生选择机会转变;在育人方向上,从高度重视学生知识的掌握向强化学生成长的过程指导转变;在学科建设上,从全学科均衡发展向加强特色学科和优势学科建设转变;在学校

---

① 李建民,陈如平.新时代普通高中教育转型发展关键在育人模式变革[J].中国教育学刊,2019,(09):32—37.
② 边新灿.新一轮高考改革对中学教育的影响及因应对策[J].中国教育学刊,2015,(07):16—21.

管理上,从规范管理向精准管理转变,从统一评价向个性发展转变。① 然而,高考改革呼唤的新做法和学校实际运行的旧模式之争、高考改革育人导向遭遇学生选择利益导向的狙击、高考改革系统设计与项目执行短期博弈的对峙成为当前新高考改革的瓶颈,遏制高中教育的高质量发展。② 乐毅、陈雯认为,新高考改革对普通高中教育具有全面、潜移默化的直接影响,具体作用在普通高中课程设置及实施模式、学生评价和教师评价、高中培养目标和教育定位等方面。新高考改革对原有的教学组织形式和课程管理制度提出挑战,传统的"两依据、一参考"、综合素质评价录取、学考与高考硬挂钩的高考模式和录取标准已无法适应新高考改革理念下的高中教育生态,大大影响高中课程的文理分合、学生高考科目的选择、高中课程结构调整和课程实施的效果以及高中学生评价和教师评价的理念、内容和方式方法,因此新高中培养目标的制定、高中与大学的衔接的重要性愈加凸显。③

此外,新高考改革的落实需要依托高质量课程与教学的建设。田建荣等人认为新高考改革的价值选择需要有效衔接高中新课程改革,但目前新高考方案与高中课改的契合程度但仍需提高,要注意双向衔接过程中的适度衔接,高考改革与课程改革不需要完全对应,要充分发挥高考命题对素质教育的导向作用,积极探索有效的双向互动衔接机制。④ 还有学者通过考察始于2004年的普通高中课程改革成果,发现改革进程中面临大班额、办学经费不足、教师数量与结构失衡、教学设施设备缺乏等现实问题。为推进高中课程的有效实施,国家先后采取"先实验、后推广"、"分权、赋责、增

---

① 周彬. 指向学生个性成长的高中教育转型——基于上海与浙江高考改革试点的实践研究[J]. 中国教育学刊,2017,(04):28—32.
② 周彬. 新高考改革:经验、困境与出路[J]. 教育学报,2018,14(04):22—28.
③ 乐毅,陈雯. 新一轮高考改革对普通高中教育的影响[J]. 教育理论与实践,2017,37(26):6—9.
④ 田建荣,贾锦钰. 论高考改革与高中新课程改革的有效衔接[J]. 教育科学研究,2009,(03):5—9.

能"、促进教师专业发展、改进评价考试制度等基本策略,并取得一定成效,然而改革的深度、广度仍有待进一步推动,教育部在现有改革基础上结合高中课程八年滚动实验对高中课程方案和课程标准展开修订和完善,按照落实立德树人根本任务的总体要求,协同推进配套制度改革和条件的配套,课程改革的全面深化指日可待。① 张紫屏聚焦新高考改革背景下的教学变革,认为高中教学将以增加"选择性"为改革基本逻辑,以帮助学生为未来学习、工作和生活做准备为基本目标,以满足学生个性化需求为基本旨趣,凸显其"全面育人"的价值取向;但线性简单思维主导下的教学整体割裂,全科"走班制"教学遇教育成本"瓶颈","储蓄式"教学根深蒂固等现实困境阻碍着育人目标达成。据此,高中教学需摒弃机械训练模式,其路径取向为:秉持"非线性"复杂思维重构教学认识,基于"跨学科"方法建构主题探究式教学,创设"协作式问题解决"环境促学习转型。② 课程与教学的变革不仅体现在课程内容、教学方式的转变上,也体现在教学环境的转变上。有学者围绕"走班制"展开讨论,指出走班制伴随新一轮考试制度改革的开展,被赋予新内涵与新价值,暗含了教育教学发展和学生个性发展的时代需求,契合了普通高中教学组织形式未来发展的新特点,有利于高考改革的顺利推行、满足学生的个性需求、提升高中教育教学的质量。但在具体的实践操作层面还面临实施走班制后,学校怎样分班、教师如何"教班"、学校怎样管班以及走班制的保障机制建设等问题。因此,需要在实践和保障两个机制协调作用下助力走班制的持续发展,在实践机制上从选科方案、分班时间、分班策略、排课机制等微观层面着手,在保障机制上以学生的应对状况、教师的准备情况以及学校的应对现状为基点。③

  关于高中教育的转型研究,大部分论文探讨了普通高中教育面临的挑战,包括质量提升、教育公平以及如何适应现代快速变化的教育需求和社会需求。这些论文共同

---

① 刘月霞,马云鹏.我国普通高中课程改革的特征、条件与实施策略[J].课程·教材·教法,2015,35(01):61—67.
② 张紫屏.论高考改革新形势下高中教学转型[J].课程·教材·教法,2016,36(04):89—95.
③ 王润,周先进.新高考改革背景下高中走班制机制构建[J].当代教育科学,2016,(06):49—53.

构成对中国普通高中教育如何转型的全面分析,涵盖了教育政策、实践改革和未来发展等多个方面。通过这些研究,我们可以更深入地理解普通高中教育在中国社会和经济发展中的角色以及面临的挑战和机遇,也对普通高中的高质量发展有具体的展望。

二、"让每位教师都有持续改进的动力"

◇ "用老师的高度来带动学生的高度,所以老师的本体知识素养很重要。"

◇ "眼里有学生,心中有学科的老师,他课堂一定不会差。"

2022年4月,教育部发布了《义务教育课程方案和课程标准(2022版)》;2023年5月,教育部印发了《基础教育课程教学改革深化行动方案》,进一步明确了课程教学改革的具体路线、措施,坚持"一地一计""一校一策",把国家统一制定的育人"蓝图"细化为地方和学校的育人"施工图"。

课程与教材是高质量育人的核心抓手。2018年"双新"政策的颁布,将新课程、新教材的研究重新推上高峰。上海市杨浦区作为全国首批普通高中新课程新教材实施国家级示范区,对标"双新"的实施整体要求,凸显育人为本的理念,拓展课程规划与实施的新思路,创设创新实践模式,探索课程规划与实施的新路径,进而提升普通高中新课程新教材实施水平,构建充满活力、促进学生全面而有个性发展的课程体系。[①] 在

---

① 上海市杨浦区教育局. 区域层面如何高质量推进普通高中课程规划与实施[J]. 人民教育,2022(17):44—47.

教育部2023年度普通高中新课程新教材实施国家级示范区(校)建设工作总结交流上,"双新"的实践经验被概括为健全课程资源体系、创新教育教学模式、加强教研工作、重视教师培训、深入推进教育评价改革。① 总体来说,新课程与新教材的建设需要凸显育人理念,构成全面、开放而有活力的课程,以局部的质量提升带动整体质量。

此外,还有研究从高中的培养目标制定、教研方式转变的层面谈高中高质量发展的突破路径。陈如平认为普通高中的深度变革需要依赖育人方式的改革,要建立健全立德树人根本任务的落实机制,以育人方式改革为抓手,对高中学校各方面全要素进行全面、系统和整体的设计,具体要做好四个方面工作:建立健全立德树人落实机制,推动德智体美劳"五育"融合发展;深化普通高中课程改革,构建学生全面发展的育人平台;深化课堂教学改革,着力创新人才培养方式;深化教育评价改革,破解"唯分数""唯升学"的顽瘴痼疾。② 深度教研为普通高中的高质量发展注入源头活水,王先军为深度教研提出三条建议:首先要基于新课程改革,夯实校本教研的核心意义,即指向学科核心素养、转变思维方式、开发特色课程体系、培育深度学习的素养课堂;其次要优化流程方法,推动校本教研的有效开展;最后要完善机制保障,提升校本教研的质量收益,包括建立规范的教研制度、制定科学的评价方案、提供专业的人才支撑,从顶层设计、过程保障与事后反思三个层面进行。③

高中教育的办学定位正在向更为多元多样的方向发展,无论是课程教学还是基于核心素养培育的育人目标,都对教师提出了更多更难的要求与挑战。在这样的背景下,如何让教师与自身的惰性做斗争,如何使教师成为自觉的终身学习者,如何让教师

---

① 谭希.系统探索"双新"落地 推动基础教育高质量发展——教育部2023年度普通高中新课程新教材实施国家级示范区(校)建设工作总结交流会综述[J].人民教育,2023(09):47—49.
② 陈如平.以育人方式改革为重点推动普通高中深度变革[J].中国教育学刊,2020(08):31—35.
③ 王先军.推进深度教研:开掘普通高中高质量发展的源头活水[J].中小学管理,2022(08):5—9.

能够愿意主动地走出思维的舒适区,不断提升自我,这些问题可能是新时代教师队伍建设所面对的重要问题,也是一线教育管理者需要不断思考、不断调适、不断探索有效实践路径的问题。

从另一个角度来看,假设教师有两种类型:一种是特别积极主动地希望进行自我能力提升、持续改进教学的教师;另一种是经过几年的工作,逐渐出现不同程度的职业倦怠,只想把常规工作做及格不出错的教师。可能在任何一所学校,这两类教师都大有人在。那么,让这两类教师以及更多的在这两个极端之间摇摆的教师们能够有持续改进的动力,这可能既是一名校长领导能力和艺术的体现,也是一所学校能否称得上是"好学校"的重要标准。

三、"让每位家长都能关心学校的发展"

> "比如多发现娃娃的亮点,多表扬,多鼓励,多聊天,少说教,但是要讲必要的规矩,多和班主任、科任老师沟通,让你平时和娃的聊天也专业起来,不是讲学科学习,而是懂一点学习的规律,懂一点教育的规律,更多是学会心理的调适。家长的陪伴,不是说陪读,而是心理上亲近,做一个懂娃娃的家长。"
>
> ——在高一学生家长会上的分享

在"双减""依法带娃"①的政策大背景下,家庭教育、校家社协同式的合作教育被

---

① 2022年颁布施行的《中华人民共和国家庭教育促进法》首次明确了家庭教育的法治基础。

提升到前所未有的高度。新时代的校家社协同育人不仅指向高质量的教育发展、高质量教育体系的构建，还指向终身学习、学习型社会、多元育人理念的践行等更为丰富的维度。① 此外，校家社协同育人还需要注意城乡的区分。在我们常识性的观察里，城市，尤其是像上海这样的大城市里的家长更重视孩子的教育问题，学校与社区的互动合作也更为频繁。但是，乡村学校则可能既缺少社区资源，学生的家庭教育也会呈现出复杂多样的问题，例如，留守儿童、隔代抚养的家庭等等。当然，其中还有一种特殊情况，就是像我所任教的高中一样，学校是上海的学校，但地理位置却是上海的远郊农村，这样的学校在校家社协同发展的过程中有其独特的挑战和困难。这可能就需要校长、领导班子、教师思考校家社协同育人如何把碎片化的努力变成系统性的设计、制度化的实践、常态化的互动。

　　校家协同育人的根本不是家长参与学校的活动，而是家长从内心真正关心学校的发展。这种"关心"既体现在对自己孩子学业、在校生活、孩子的成长变化的关注，也包括对学校整体发展的关切、思考、建言和参与。尽管在实践中，并不能要求所有家长都能深度参与，把上述两个方面都做得完美，但是，只要大部分家长能够关注孩子的成长，一部分家长能同时关注学校的发展，那么，对于学校而言，这便是巨大的资源宝库与智慧共同体。很多时候，关于校家协同育人的讨论都集中在如何用好家长资源上，实际上，我认为，更为重要的工作是如何"激活"家长资源，"激活"便自然会形成合力。相反，如果局限在"校"如何用"家"的思路上，则"校"与"家"始终是两个主体，而不是一个整体。在这个意义，我非常认同东北师范大学教授，同时也是东北师范大学附属小学校长的于伟教授的观点，他认为，校家协同育人要有育人思维、减法思维，并要持续激活"细胞"，做实"沟通与合作"。②

---

① 邵晓枫，郑少飞. 新形势下的家校社协同育人：特点、价值与机制[J]. 现代远程教育研究，2022,34(05):82—90.
② 于伟. 激活家校社协同育人的"细胞"[J]. 中小学管理，2022(06),62.

第2章

如何办一所"家门口的好学校"

◆ 学校如何从管理转向治理?我们在实践中认识到:学校治理并不仅仅是一种理念,也不只是一整套制度,治理的过程不是控制而是协调,是一种持续互动的过程。

◆ 我的小心愿是,让师生见世面,多见见大教授,多见见博士。

◆ 家校合力,我们可以一起做点啥?我们是同一个战壕的,目标就是把我们的娃娃带上一层楼。

在学校教育的语境中,学校特色常常与文化、学校文化相联系。如果从概念定义的角度看,学校特色可能是指"学校基于自身的历史传统和实际情况,在长期办学实践中逐渐形成的一种区别于其他同类学校的独特、优质而且相对稳定的办学气质和办学风格"。① 这一定义侧重学校特色的时间性与差异性两个属性:其一,学校特色要植根于自身历史传统,同时还要兼顾当下的实际情况,最为重要的是要在"长期办学实践中逐渐形成";其二,学校的特色要区别于其他同类学校,换言之,具有区分功能才可能称为特色。

对于一名校长来说,学校特色的创建除了"学校传统"与"区分度",还需要至少考虑以下几个问题:一是未来三到五年,学校所在的区域有怎样的教育发展规划?工作重点在哪里?学校要如何在这样的发展趋势中找到自己的位置?二是如果区域发展有顶层设计、整体设计,那么,作为身处其中的一所学校,要怎样在"同"中求"异",在"立异"之中"逐同"?

一、求同:如何深度融入区域教育发展?

上海市人民政府办公厅印发的《关于本市新时代推进普通高中育人方式改革的实

---

① 王伟.学校特色发展:内涵、条件、问题与途径[J].中国教育学刊,2009(6):31—34.

施意见》(沪府办〔2021〕4号)提出了"全面落实立德树人根本任务,形成完善的'五育'(德智体美劳)全面培养体系"的工作目标。在"融合育人"的时代要求下,金山区教育"十三五"规划中关于高中教育改革也强调:探索新形势下推动高中教育改革的新模式和新机制,优化高中多样特色发展方案,促进高中教育多样化、特色化发展。做好特色高中创建工作,以上海市特色高中学校创建为抓手,引导高中学校与高校开展合作,建立学校特色课程体系,形成高中学校特色发展的品牌。

不仅如此,金山区从2018年开始便着手筹备与华东师大基础教育与改革发展研究所围绕五育融合的深度合作。金山区作为五育融合示范区,确定区内十所学校作为融合育人种子学校,希望通过几年的探索打造融合育人的金山模式和金山经验。在这样的区域发展背景下,亭林中学不仅是种子学校之一,而且可能是十所学校里唯一一所以体育为特色的高中。

上海体育大学附属金山亭林中学创建于1940年,2009年成为金山区实验性示范性高中,2015年学校成为上海市特色普通高中创建项目校,2020年成为金山区"融合育人"项目种子学校,2021年金山区人民政府与上海体育大学签署合作协议,共建上海体育大学附属金山亭林中学。

学校占地80余亩,建筑面积16 629平方米,目前学校拥有20个教学班,在校学生759人,现有专任教师91人,其中高级职称教师13人,占教师总人数14.3%;一级教师43人,占教师总人数47.3%;硕士研究生19人,占教师总人数20.88%;35岁以下青年教师51人,占教师总人数56%。

"五育"融合落地的关键在于大力推动课程融合、学科融合、知识融合、方法融合和价值融合的真变革。亭林中学依据教育部《普通高中课程方案》和《上海市普通高中课程实施方案》,基于学校传统、定位的提炼和深化,学校提出了"融合育人,特色发展"的愿景,充分发掘体育的育人价值,以体育带动诸育,将德育、智育、体育、美育、劳育有机融合,促进学生全面发展、健康成长,最终目标是实现诸育的互通互融,共生共长。

从亭林中学当时的发展状况来看,2018年的亭林中学在办学实践中面临诸多挑战：

一是优质办学任务艰巨。上海市新的高考制度改革给学校的教育决策带来了新的挑战。从目前来看，学校现状离社会的高期待、家长的高要求和总体教育改革的方向还是有一定差距，给学校的发展也带来了新的挑战。近年，金山区高中招生的结构性调整使学校的生源进一步下降，完成优质办学的难度进一步加大。如何促进学生主动发展，为学生提供合适的教育，满足社会、家长高质量、多样化教育需求，是学校发展过程中需要解决的难题。

二是德育顶层设计还需完善。经过"十三五"的实践探索，学校德育特色鲜明，形成了以体育德"三身课程"和法治教育"ABE课程"等特色品牌，但是学校德育顶层设计还不够完善，特别是在"五育并举、融合育人"的背景下，基于学校特色办学、学生全面、多元发展的德育工作整体规划还思考不够，德育课程体系建设还不够清晰。学生生涯规划指导体系还不完善，生涯指导还不够规范。

三是课程与教学有待改进。在"双新"实施背景下，新的课程方案和课程标准对学校的课程建设和课堂教学提出了更高的要求，学生核心素养、学科核心素养达成的任务艰巨。在现有基础上，须按照修习方式进一步完善学校课程结构，尤其是综合实践活动类课程建设，确保学生德智体美劳全面发展；在课堂教学上进一步转变育人方式，提炼适合校情、学情的互动式、启发式教学范式，提升育人品质。

四是学校治理能级还有待提升。在新时代教育改革背景下，学校管理面临着从管理到治理转变的迫切需要。因此，要加强学校党支部建设，落实党在学校教育工作中的全面领导；要进一步探索建立多元主体协同共治的体制机制，提升学校治理水平；要推动制度管理到文化价值引领的转变，有效提升学校治理水平和能级。

五是教师队伍建设任重道远。学校教师队伍结构不合理，教师流动性大。一方面年轻教师占比较高，0—5年教龄教师31人，占教师总人数34.1%；35岁以下青年教师51人，占教师总人数56%；另一方面学科带头人、骨干教师等在区域有一定影响力的教师较少，当前学校有区学科导师2名，区骨干教师10名，金山区名师工作室成员教师8名。学科建设缺乏领头羊,教师整体成长较慢。如何培育发挥青年教师能动性、培育优秀骨干教师,实现学校教师队伍专业能力的全面提升,是学校发展中亟需解决的任务。

六是硬件设施条件尚有明显不足。我校是有80年历史的老校,虽然近年来教育局投入了较多资金进行了建设和改造,但总体来说,学校的硬件设施和兄弟学校相比还有明显不足。例如,学校作为体育特色学校,没有室内体育馆,很多教学内容没法落实,篮球场、排球场数量太少;新高考背景下,专用教室数量不够;教师办公室数量不足,办公条件有待改善。

表2-1 2018年亭林中学发展SWOT分析

因素	S(优势)	W(劣势)	O(机会)	T(威胁)
地理环境	• 交通便利,距金山铁路亭林站不远;毗邻松江、奉贤,距离市区相对较近 • 靠近周边大镇,初级中学较多 • 位于古镇亭林,历史悠久,人文底蕴深厚 • 周边医院等市政配套设施较为齐全,社区成熟	• 坐落镇域,生源质量受区域位置、社会经济发展制约 • 靠近古镇老街,可拓展空间有限	• 大居建设,数万人口导入,可能带来生源改善 • 多条轨道交通规划线路,增加便利性,可能增强学校吸引力	• 学校外部环境有待整治,道路狭窄 • 学校周边公交站点撤并,不利学生交通
学校规模	• 拥有20个教学班,规模适中,有利于灵活教学	• 不同类型班级规模不均衡	• 班级、学生数量逐年适度调整 • 学生结构逐步趋于合理,机制逐步成熟	• 家长、社会对教育质量的高要求对学校规模提出了挑战
硬件设施	• 校园特色氛围浓厚 • 运动设施逐步完善 • 信息化设备基本完备	• 会议室和报告厅的规模太小 • 教室面积、教师办公室面积狭小 • 计算机房陈旧,语音室容量过小	• 创新实验室建设 • 体育馆项目即将动工 • 校园、校外学习空间建设 • 实验室达标项目开始建设	• 专用教室数量不足,影响综合实践活动开展 • 教室不具备空调等设备,影响学生状态

续表

因素	S(优势)	W(劣势)	O(机会)	T(威胁)
师资队伍	• 教师队伍年轻化,有精力、有冲劲 • 教师敬业精神强、适应性强 • 师资队伍学历层次较高 • 有一支比较适应学校特色创建的学科导师和骨干教师队伍	• 学科品牌教师远远不够,缺少有影响力的领军教师 • 教师队伍学科结构不够合理 • 教师跨学科、综合实践类课程开发能力不足 • 骨干教师的流失造成教师梯队不平衡	• 师资队伍发展潜力大、有较大后劲 • 教师坚持聚焦课堂,开展课堂教学攻坚 • 学校提供全方位教师专业发展平台,选派优秀教师参加各级各类培训 • 青年教师的积极性较高	• 家长对优质教师的高期待 • 学校对教师队伍的改造和专业水平提升的强度不够 • "双新"实施对教师教学影响较大
学生状况	• 学生质朴、有目标、有学习动力 • 受当年我校高考质量的鼓舞,学生期望获得成功	• 生源基础薄弱,录取分数为区内公办高中末位 • 学生学习的毅力不强,自主学习管理能力弱	• 部分高分生选择本校,有一定发展潜力 • 学生对学校的认同度上升 • 学校为学生创设了较多发展平台	• 学生两极分化严重 • 部分学生心理健康状况需密切关注 • 社会多元价值取向影响学生学习
家长参与	• 家长关注度高 • 对学校工作支持配合 • 家长委员会能及时与学校面对面沟通	• 对学习成绩期望值过高 • 关注分数,与学生沟通不够 • 家长受教育程度不高	• 成立了家长学校,加强了对家长的培训 • 举办家长开放日活动,家长能参与学校管理,沟通想法	• 对学校素质教育活动举措理解不够 • 对学生身体素质关心不够 • 特殊类型家庭较多,家庭教育理念落后
社区资源	• 各机关、单位与学校关系密切,学校积极参与社区的各项活动 • 学校向社区开放活动场地,社区也积极参与学校的活动,有利于学校的发展	• 与其他乡镇之间的沟通协作不足	• 与所在社区签订党建合作协议,共促发展 • 亭林镇在学校成立社区群众体育活动基地,提供体育活动场地 • 周边居民对学校美誉度整体提升	• 社区发展不平衡,部分老旧建筑对学校环境产生影响
政府支持	• 打造上海体育大学附属金山亭林中学,纳入金山区、金山教育发展"十四五"规划 • 亭林镇政府支持学校办学品质提升	• 特色发展项目仍需政府进一步支持 • 校园周边环境需要政府开展综合治理与协调	• 区人民政府与上海体育大学共建上海体育大学附属金山亭林中学 • 学校的办学质量受到政府、教育局肯定	• 政府项目资金更加合理、便利使用 • 学校办学层次对政府投入吸引力不够

二、存异：如何构建可持续的特色发展？

明确了学校面临的挑战和困难后,我们团队多次围绕一个核心问题进行研讨:学校在未来五年要着重打造什么"特色"？换言之,我们的家底、传统是什么？我们希望以怎样的主线和理念来贯穿过去、现在和未来？

在亭林中学,我们最终明确要打造"以体育人"的特色。这有以下四个方面的原因:一是继承和发扬传统。亭中创办于 1940 年,体育历史悠久。早在 20 世纪 50 年代,学校乒乓项目就在松江地区具有领先地位,并诞生了以怀正为代表的一批优秀运动员与教练员。60、70 年代,学校篮球项目茁壮发展,在松江与金山地区实力超群,学校篮球队队长陈勋(后为上海市特级教师、特级校长)是其中的突出代表。80 年代、90 年代,学校田径项目逐渐发展,两度被确定为上海市体育传统项目学校(田径),培养出了以全运会冠军陆莲花为代表的大批体育专业人才。2006 年,在创建金山区实验性示范性高中的过程中,时任校长吴金瑜植根历史传统,提出了"享受体育"的办学思想。学校以巩固既有优势体育项目为基础,从课程、学校体育文化建设等方面努力打造学校体育特色。2009 年,时任校长樊汉彬提出了"追求卓越"的办学思想,将提升体育发展的内涵与质量作为重点,学校体育特色日益彰显。2012 年学校成为上海市首批体育专项化教学改革试点学校、上海市首批校园足球联盟学校。二是时代在召唤。习近平总书记多次强调"要坚持健康第一的教育理念",学校从体育特色项目到学校体育特色,到 2017 年确定"以体育人"的特色定位,再到 2021 年成为体院附中,积累了丰富的以体育人的实践经验。三是从我个人的成长经历、从培养学霸儿子进北大的经验,我更加坚定了这样一个信念:完全人格,首在体育,体育是成才的奠基石,体育要从娃娃抓起。四是"体育促智育"的实证研究,进一步打开我们"以体育人"的思路,坚定了信念。

我们的办学理念最终确定为"理解生命、享受体育、追求卓越"。"理解生命"是对生命的尊重和教育规律的遵循,是基于对生命平等基础上的差异性的尊重与肯定,也是本着"有教无类"的主张,办好人民满意的教育的遵循与追求。"享受体育"是理念核心,是要发掘体育育人价值,以体育人、一育促诸育,实现全面育人。"享受体育"的核心就是在体育锻炼中健身怡情,体验运动之乐趣;在体育学习中修身明志,欣赏运动之魅力;在体育活动中砺身成人,感悟运动之精神,塑造陪伴终身的良好习惯和品质。"追求卓越",则是办学价值追求,致力于办更优质的教育,使学生"身""心""志"全面发展,为人生理想的实现奠定坚实基础;使学校成为具有全国影响、上海领先的上海市特色(体育)普通高中。

学校经过长期的体育特色办学实践探索,凝练形成了"规范、拼搏、坚毅"的校训。规范是底线,是创新的先决,更是育德的根基;拼搏是精神,是亭林中学响亮的识别符号,是全校师生宝贵的精神财富;坚毅是品质,是意志的坚持,行动的不辍,是"亭中人"的风骨。

在特色定位方面,我们也总结了十二个字,即"享受体育、以体育人、全面发展"。把学生的培养目标确定为:以体育人,在运动中强体、立德、增智、赏美、乐劳,培养有健康体魄、健全人格、崇文通理的社会主义事业的建设者与接班人。

在育人路径方面,我们提炼出九个字"始于身、达于心、成于志"。"始于身"指的是教育活动从身体运动出发,以体育为起点,将德、智、美、劳、心等教育自然融入体育。"达于心"指由身体锻炼迁移到心理层面、精神领域,磨砺学生的精神,使他们具备良好的身心素质,形成"规范、拼搏、坚毅"与勤勉耐劳的个性品质。"成于志"指的是将身心磨炼铸就的志气、志向与良好的个性品质迁移、融化于终身学习与生活。

在学校整体的发展规划方面,我们几经打磨、研讨,把学校未来五年的发展目标定为进一步加大特色高中建设力度,积极争取创成上海市特色(体育)普通高中。在金山区政府、区教育局支持下,亭林中学与上海体育大学进行合作,共同建设上海体育大学附属亭林中学。建设体育创新实验室和金山区学生创新素养培育基地(体育教育创新素养培育基地),进一步提升"以体育人"的科学性,促进学生更好地发展。

明确了目标,任务也自然会逐步明确。我们给自己定了六大任务:

1. 梳理特色学校建设历程与成果,做好特色高中创建评估工作。

2. 做好建设上海体育大学附属亭林中学的各项工作,加强与高校的办学精神、课程建设、师资培训以及学生培养等方面的衔接与融合。

3. 建设高标准体育创新实验室开展体育创新实验室在体育训练、智慧健身、健康教育等方面的实践与研究。

4. 推进金山区学生创新素养培育基地(体育教育创新素养培育基地)建设,开发相关课程,培育学生创新素养。

5. 加强特色课程慕课建设,上线上海市高中名校慕课平台。强化成果意识,汇编各类特色创建成果。

6. 扩大学校特色办学影响和辐射。做好金山区体育教师师资培训基地、金山区体育与健康科普教育基地和亭林镇社区群众体育活动基地建设;加强与友好学校结对共建合作,拓宽特色办学视野。

围绕这六大任务,我们制定了阶段任务与操作方案。主要包括:

1. 做好特色高中创建评审工作。梳理和总结学校特色办学成果,邀请专家开展特色办学评审,依照《上海市特色普通高中评估指标》要求,建设上海市特色(体育)普通高中,迎接市级评估。

2. 建设高水平大学附属中学。积极对接上海体育大学,在区政府和区教育局指导下,建设上海体育大学附属亭林中学,在办学理念、课程建设、师资培训以及学生培养等方面积极与高校衔接。

3. 开展体育创新实验室建设。在体育训练、智慧健身、健康教育等方面进行实践与研究。依托上海体育大学,开发"青少年体育健康促进课程",解决体教融合过程中青少年体育与健康发展的关键问题;开展"青少年健康运动及特殊体质干预研究",为通过体育运动干预青少年健康问题的研究提供实证依据;完成"青少年智慧健身中心"的设计开发,实现青少年运动健身与体质监测的系统化、智慧化与个性化;开展体育教师及特长生专业素养能力培训,提升教师体育教学、训练水平,促进学生特色发展和素养提升。

4. 建设金山区学生创新素养培育基地(体育教育创新素养培育基地)。依托基地开展学生创新素养培育,以体育学科为核心,构建课程群,包括冰壶、攀岩、龙舟等新兴体育运动课程,还包括体育运动中的数理化、体育与生命发展、体育与地理环境、体育与心理健康等学科间相融通的拓展课程等,开拓学生思维,促进大脑发育,培养创新精神。

5. 加强特色课程慕课建设。围绕特色高中建设,初步拟以"运动损伤与防护""运动心理健康""体育健康生活方式"等为主题,开发系列慕课资源,上线上海市高中名校慕课平台;围绕特色课程建设,编纂特色校本课程资源,汇编特色育人成果。

6. 扩大特色办学影响与辐射。加强与金山区教育学院师训部、教研室合作,以金山区体育教育工作坊等方式,建设金山区体育教师师资培训基地,形成区级培训课程;与金山区体育局共建金山区体育与健康科普教育基地,提高学校特色建设水准;通过场地开放、运动指导等方式,加强亭林镇社区群众体育活动基地建设;加强与浙江省嘉兴三中、云南省宜良八中、江西省弋阳二中等友好学校结对共建合作,拓宽特色办学视野。

这些思考紧紧围绕着我们的核心问题展开,那就是"如何构建可持续的学校特色发展之路"。这既源于我个人对学校特色创建的理解,也植根于小伙伴们的集体智慧。

我们认为，创建学校特色并不是一件高难度工作，但让创建出来的"特色"可持续却是一项艰巨的任务。这主要是因为学校特色创建是"符号、价值、意义"三者之间的逻辑梳理与搭建，使"特色"成为一个自洽的、可以进行解释的系统。但是，学校特色的"可持续"却事关文化浸润与制度建设，也就是老百姓常说的是不是所有人都认同这件事，是不是全校师生甚至是家长都能自觉传播学校的特色文化？每名学生每位老师是不是都具有亭中的气质、成为学校行走的"展示牌"？同时，这种"特色"与"气质"会不会"人走就换、人走就变"？有没有可能通过制度的建设使其常态化、结构化，成为学校日常运转不可或缺的一部分，也成为师生们在校生活的一部分？

第3章

"认真玩"：体育特色课程的校本探索

- "扩优提质、学校高质量发展,课程是基础、是载体。"
- "课程规划既是对学校课程建设的全局性思考,又是落实落地的'模拟演练'过程。"
- "教学最大的策略就是遵循学生学在前、教师讲在后。当我们确信抓住了教学中的主要问题,保持一定的定力,效果肯定会显现出来的,让子弹飞一会儿。"
- "学生能说出所选答案后面的为什么,哪怕不是正确答案,这个过程也是有思维含量的。"

在亭林中学,我们始终以"享受体育"作为核心办学理念,用更为通俗的话来说就是让每个亭中人"认真玩"。我们认为,只有有"玩"的心态,才能"享受体育",同时,也需要"认真"的态度,才有可能"玩"出水平、"玩"出高度、"玩"出思考,从而使老师和学生都能在这个"做中学""学中做"的过程中体验、见证学校特色课程的创建和改进,将课程育人落实在学校生活之中。

一、理念:运动乐园、体育公园、健康学园

亭中人有个共同的愿景,就是把学校打造成"运动乐园、体育公园、健康学园"。"运动乐园"是让师生随时随地都能运动、想运动、爱运动,享受运动带来的愉悦。"体育公园"不仅仅指硬件与场地,还包括与之相匹配的课程、与学校文化相契合的运动空间等等。"健康学园"是希望通过"以体育人",培养德智体美劳全面发展、阳光乐观、身心健康的时代新人。

特色课程的顶层设计离不开整体规划。课程规划既是对学校课程建设的全局性思考,又是落实落地的"模拟演练"过程。学校围绕"享受体育"的核心理念,经过多次研讨,将育人目标提炼为:以体育人,身心统一,培养德智体美劳全面发展,具有"规范、拼搏、坚毅"特质、阳光健康的时代新人。从这样的目标出发,具体从"健身怡心、修身明志、砺身成人"三个维度研发校本体育特色课程——"三身课程",分别指向健身发

展,即养成强身健体的运动习惯并形成日常生活方式;修身发展,即让学生掌握运动健康知识,参与体育艺术实践,懂得欣赏体育赛事,理解体育精神;砺身发展,即通过体育活动,引导学生践行体育精神,弘扬体育道德,磨砺坚毅品质。

在课程内容方面,学校贯彻"五育并举"的发展思想,对标学生发展与体育学科核心素养的相关指标,从"运动健身""文化修身"和"实践砺身"三个课程模块对体育特色课程的内容进行细化落实。具体而言,"运动健身"课程模块主要以全面提高学生身体素质为基础,培养学生体育技能为重点;"文化修身"课程模块以基础课程、研究性学习和学生体育论坛为抓手,多元渗透体育元素;"实践砺身"课程模块则注重在实践中磨砺自我、超越自我,成就人生。

体育特色课程不是特色体育课。本着这样的想法,学校课程建设团队从最初便确定了"惠及全体、鼓励兴趣、支持拔尖"的十二字原则。在"惠及全体"方面,首先是尝试把"以体育人"特色课程的"运动健身""文化修身"和"实践砺身"三个模块与学科有机融合,逐步形成整体联动。具体而言,学校常规体育课以专项化教学为主要形式,独创了"30+50"专项课结构,编写了相关校本课程资源。此外,学校每年有三大运动会,秋季运动会以传统田径项目为主,学生参与率达到85%;春季运动会以团体赛为主;冬季运动会以趣味项目为主。三大运动会、三大联赛贯穿全年,营造"日日有活动、周周有比赛"的氛围。值得一提的是,在线教学期间,我们的在线体育课得到了包括《人民日报》《文汇报》等多家重要媒体的关注和报道。不仅如此,成为上海体育大学附属中学后,我们还积极与上海体育大学合作,引入大学资源,开设系列先修课程,其中高一年级全覆盖,对提升学生综合素养起到了非常重要和有益的作用。

在"鼓励兴趣"方面,学校将"体育特色"定位在以体育为中心的兴趣拓展上。这既包括20多个面向全体师生的各类体育社团,也包括智慧运动创新实验室、体育融媒体创新实验室等,为不擅长体育但擅长"体育周边"的师生提供探索自我、展示自我的可能性和平台。

在"支持拔尖"方面，学校每个年级设立一个体育班，突出体育相关训练与育人实践，逐步形成了体育班在文化课学习、行为规范和体育运动"三示范"的机制。有四届体育班曾获"上海市先进班级"。除了体育班的制度化尝试，学校还注重运动员的培养，引进申花女足退役运动员担任体育老师，在云南开展高原女足训练，依托专业俱乐部资源，开展龙舟、冰壶、帆板等项目的训练，取得了良好的效果，不仅女足、龙舟、冰壶等屡获市级一等奖，而且在一些小众项目上，如帆板、帆船、赛艇、跆拳道比赛中，学生也取得了非常优异的成绩。

二、课程：以体育人的实践载体

（一）以体育人的特色课程体系

探索体育特色课程是对办学理念的实践，也是全体师生共同参与的过程。在原有学校课程框架及体育特色课程框架的基础上，我们对学校的各类课程进行梳理统整，在保留一定精品课程的基础上，对学校整体课程框架（包括体育特色课程框架）进行再设计、再补充、再改进、再论证。我们在特色普通高中创建过程中，参与上海市中小学（幼儿园）课程领导力提升行动研究项目（第二轮）的子项目，学校课程构建适应政策与育人方式转变的要求，进一步丰富完善课程群的框架体系。

特色课程框架体系非常注重将体育精神贯穿各层级、融入各维度。例如，"相互理解、友谊长久、团结一致、公平竞争"的奥运精神，以"为国争光、无私奉献、科学求实、遵纪守法、团结协作、顽强拼搏"为主要内容的中华体育精神，"规范、拼搏、坚毅"的学校精神等体育精神与体育元素充分融入国家课程，在必修课程中夯实基础，在选择性必修课程中有机融入，在选修课程中充分加强。课程结构为育人目标达成提供了有力支撑，以此促进国家课程的高质量实施。

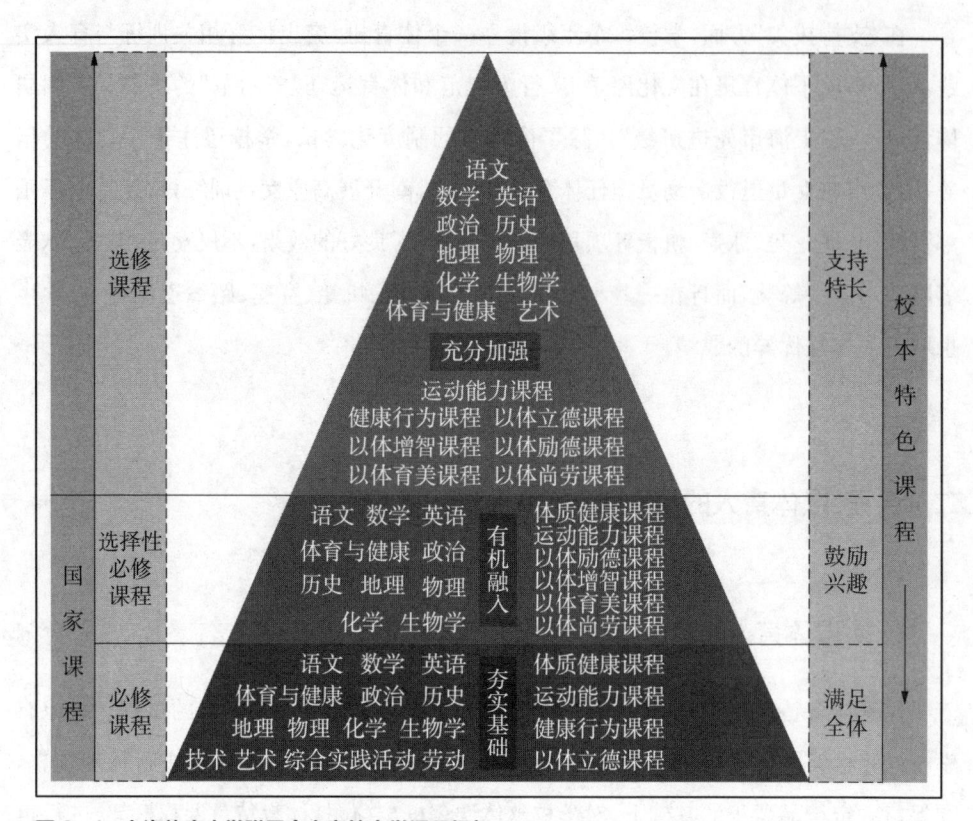

图3-1 上海体育大学附属金山亭林中学课程框架

围绕育人目标，学校在原有课程架构的基础上，进一步完善了体育特色课程群的框架体系。

学校体育特色课程的"三身"发展相互关联，覆盖学生学习、身心发展的各个方面，形成了"运动健身""文化修身"和"实践砺身"三个课程模块的课程群。按照德、智、体、美、劳五育融合的内容布局，发挥体育以体育智、以体育心的独特功能，以体育促诸育，融合育人，实现学生的全面发展。

"运动健身"课程模块由"体质健康、运动能力、健康行为"三部分内容组成，以身体素质、课间体育活动、运动训练、休闲体育、健康生活、健康知识、健康活动为主要课程

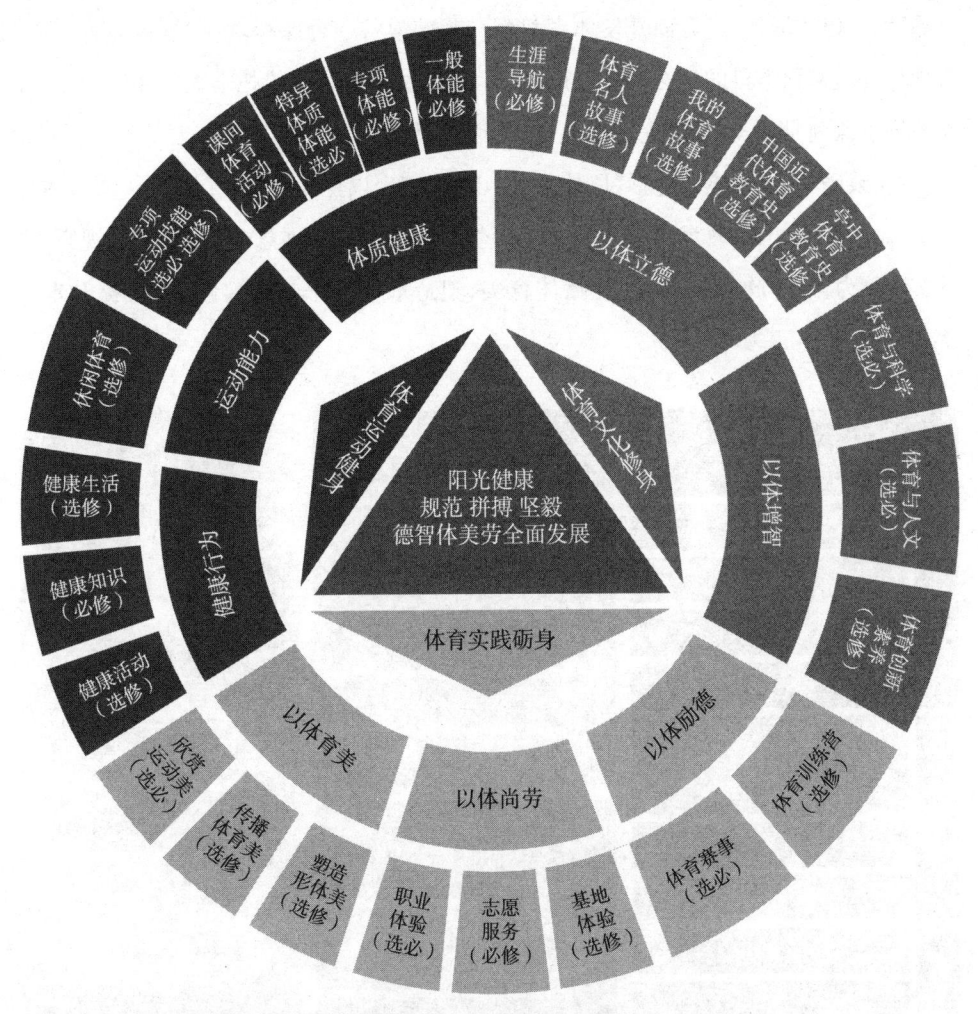

图3-2 上海体育大学附属金山亭林中学"以体育人特色课程"图谱

内容,兼顾不同类型学生提高学生身体素养,养成良好运动习惯、形成健康生活方式的需要。

"文化修身"课程模块包括"以体立德"和"以体增智"两部分内容。"以体立德"作为学校德育教育的重要组成部分,立足学生生涯教育,通过体育史教育等培育学生良好品性。"以体增智"一方面开发体育教育与基础学科融合课程,挖掘学科体育元素,实现体育与文化学科的融合;另一方面开展项目化学习活动,依托学校创新实验室,开展系列小课题研究,培养学生创新精神和研究能力。

"实践砺身"课程模块包括"以体砺德、以体育美、以体尚劳"三个部分。通过体育赛事、志愿服务、国防教育、体育训练营、职业体验等实践磨砺意志品质,拓展视野,提升实践能力;通过欣赏运动美、传播体育美、塑造形体美等学习实践活动,提升审美素养。

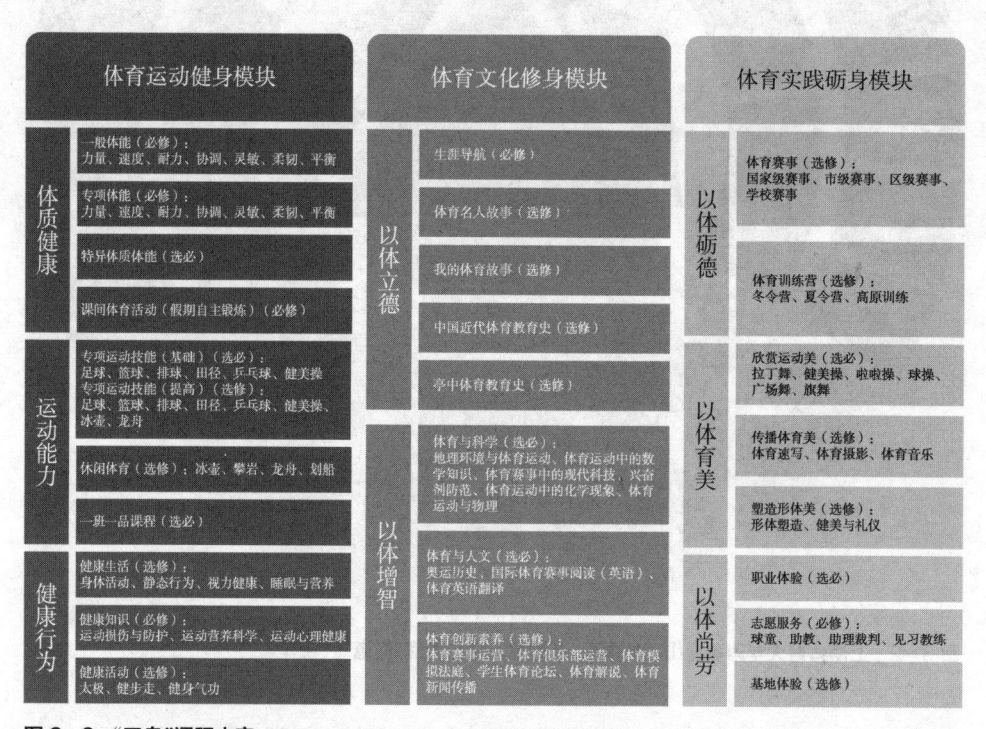

体育运动健身模块		体育文化修身模块		体育实践砺身模块	
体质健康	一般体能(必修):力量、速度、耐力、协调、灵敏、柔韧、平衡	以体立德	生涯导航(必修)	以体砺德	体育赛事(选修):国家级赛事、市级赛事、区级赛事、学校赛事
	专项体能(必修):力量、速度、耐力、协调、灵敏、柔韧、平衡		体育名人故事(选修)		
	特异体质体能(选必)		我的体育故事(选修)		体育训练营(选修):冬令营、夏令营、高原训练
	课间体育活动(假期自主锻炼)(必修)		中国近代体育教育史(选修)		
运动能力	专项运动技能(基础)(选必):足球、篮球、排球、田径、乒乓球、健美操专项运动技能(提高)(选修):足球、篮球、排球、田径、乒乓球、健美操、冰壶、龙舟		亨中体育教育史(选修)	以体育美	欣赏运动美(选必):拉丁舞、健美操、啦啦操、球操、广场舞、旗舞
	休闲体育(选修):冰壶、攀岩、龙舟、划船	以体增智	体育与科学(选必):地理环境与体育运动、体育运动中的数学知识、体育赛事中的现代科技、兴奋剂防范、体育运动中的化学现象、体育运动与物理		传播体育美(选修):体育速写、体育摄影、体育音乐
	一班一品课程(选必)				塑造形体美(选修):形体塑造、健美与礼仪
健康行为	健康生活(选修):身体活动、静态行为、视力健康、睡眠与营养		体育与人文(选必):奥运历史、国际体育赛事阅读(英语)、体育英语翻译	以体尚劳	职业体验(选修)
	健康知识(必修):运动损伤与防护、运动营养科学、运动心理健康		体育创新素养(选修):体育赛事运营、体育俱乐部运营、体育模拟法庭、学生体育论坛、体育解说、体育新闻传播		志愿服务(必修):球童、助教、助理裁判、见习教练
	健康活动(选修):太极、健步走、健身气功				基地体验(选修)

图 3-3 "三身"课程内容

我们按照学校体育特色课程群的框架,制定了校本教材的编写方案,组织相关教师进行体育特色课程资源读本的编写。我们根据学科分别组建了各编写小组,并在上海体育大学相关专家的指导下,定期组织编写工作,进一步丰富我校的特色课程读本资源。在原有《体育与科学》《奥运史》《光环背后——体育文学作品选读》《国际体育赛事——英语阅读》《地理环境与体育运动》等5本体育特色课程读本的基础上,我们新增编有《运动损伤与防护》《运动心理健康》《兴奋剂防范》《体育健康生活方式》《体育赛事管理》《体育俱乐部管理》《体育英语翻译》《体育与音乐》《新中国体育史》《青少年体能提升》等10门读本资源。

(二) 以体育人特色课程的实施

在学校课程群框架的顶层设计下,我们开始编制学校课程计划,并研究课程实施的保障制度。围绕学校课程计划,我们陆续推进各类课程的实践。学校要求每门课程制定相应课程的实施方案,包括课程目标、内容、组织、实施、评价等。从基础型课程实践出发,从设问、讲练、探究等方面入手,对学生活动、作业、资源等进行设计与研究。以点带面,逐渐扩展至拓展型、综合型课程的实践,不断实践体育育人路径,以体育建设带动德育建设,丰富人格教育的实践内涵。

具体而言,学校制定了《完善"五育融合"特色课程 推动育人方式转变——上海体育大学附属金山亭林中学"双新"实施方案》和《上海体育大学附属金山亭林中学课程实施(三年)规划》,开齐开足国家课程,满足不少于144个学分的基本要求。在课程实施过程中,通过"三全三贯通"的亭中模式,贯通课内、课外、社会三级课堂,实现全员、全程、全方位育人。

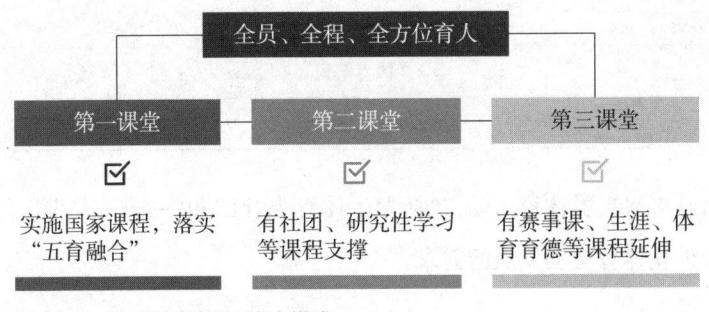

图3-4 "三全三贯通"之亭中模式

在"双新"实施背景下,基于"大单元、大任务、大情境"的要求,学校强调关注课堂教学中的"设问、讲练、探究"等关键点,倡导真实情境创设,提倡学习活动项目化,调动学生学习积极性,广泛开展学生自主学习活动,提升学科素养。

学校以"融合育人"种子教师团队为引领,在融合育人项目专家组指导下,确定以项目化学习活动为抓手,探索融合育人的视角下学科互通的学习路径与策略,充分挖掘学科的育人功能,开展"融合育人"学科教学实践,提升学生素养。四组"种子教师团队"结合学科实际,开展主题项目化研究。

1. 体育运动健身模块实施:一核两翼

一个核心:以体育与健康课程为核心,以全面提高学生身体素质为基础,以培养学生体育技能为重点,开展体育专项化教学,面向普通学生、体育特长生和特异体质学生开展不同课程。普通学生根据兴趣特长选择适切的体育项目。

"两翼"并举:其一为开设大学先修课程,实施"健康生活"课程,引入上海体育大学本科生课程,供学生选择学习。

表3-1 大学先修课程菜单

课程
体育健康生活方式
运动损伤与防控
运动营养科学
运动心理健康
体育解说
体育英语翻译

其二为开展兴趣类体育活动,包括学生体育类社团和"一班一品"艺术体育活动,满足学生个性化体育运动发展的需求。

表 3-2 体育类学生社团

社团名称	指导教师	上课地点
陆上冰壶社	姚保绮	食堂二楼
活力篮球社	许威	篮球场
体育赛事运营社	吴海波	智慧运动创新实验室
足球社	庄宇婷	足球场
攀岩社	王之梁	体育公园
龙舟社	杨雯叶	智慧运动创新实验室
拳击社	李智冬	智慧运动创新实验室
棋社	杨振宇	食堂南厅
乒乓社	孟文彬	乒乓馆
健美社	唐怡雯	智慧运动创新实验室
排球社	瞿偲予	排球场

表 3-3 2021 学年"一班一品"艺术体育项目

班级	项目名称	班级	项目名称	班级	项目名称
高一(1)班	啦啦操	高二(1)班	篮球、广场舞	高三(1)班	篮球、啦啦操
高一(2)班	啦啦操	高二(2)班	武术、扇子舞	高三(2)班	花样跳绳
高一(3)班	武术	高二(3)班	龙舞	高三(3)班	花样跳绳
高一(4)班	花样跳绳	高二(4)班	花样皮筋	高三(4)班	旗操
高一(5)班	健美操	高二(5)班	啦啦操	高三(5)班	健美操
高一(6)班	太极扇	高二(6)班	跳绳	高三(6)班	啦啦操
		高二(7)班	旗操	高三(7)班	啦啦操

2. 体育文化修身模块实施：学科融合，基地培养

学科融合：编写学科融合体育素养实施纲要，挖掘体育元素，探究体育与其他学科

的内在联系,探索学科融合路径。体育与历史、时政、生涯教育等相互融合,创新以体立德形式,促进学生树立正确人生理想,形成健全人格;体育与科学、人文融合,编写校本课程资源,形成跨学科学习内容,以增长体育知识、融入体育修身、浸润核心素养为目标,在微型课程中实施。

基地培养:学校智慧运动创新实验室建立若干课题研究小组,由本校教师和上海体育大学指导教师组成双导师,开展与体育相关联的小课题研究;体育与健康创新素养基地推动学生参加项目化学习活动,以实践推动学生创新素养的提升。

表3-4 学生研究性学习课题及项目学习选题方向

研究性学习			项目化学习		
序号	课题名称	基地	序号	活动名称	基地
1	普通高中学生非上课时间运动习惯调查研究	智慧运动创新实验室	1	体育俱乐部管理	体育教育素养培育基地
2	青少年视力与运动关系研究		2	体育场馆运营	
3	体育运动对青少年非智力因素的影响研究		3	体育赛事运营	
4	青少年体育参与影响因素的多维度调查		4	体育活动组织与策划	
5	不同类型饮料对体育运动的影响研究		5	体育旅游开发与策划	
6	青少年学生肥胖问题及运动干预改进研究		6	体育赛事解说策划与实施	
7	中国福利彩票中的数学问题研究		7	《球场风波》模拟法庭活动	法治创新实验室
8	定向越野的识图方法与训练研究		8	《谁的责任》模拟法庭活动	
9	身体健康与心理健康关系研究		9	《队长恩怨》模拟法庭活动	
10	围棋中的哲学思想研究		10	《荣耀选择》手机游戏脚本创作	

3. 体育实践砺身模块实施:赛事训练、综合实践活动、志愿服务

赛事训练:学校构建各类体育比赛平台,不断丰富赛事项目和内容,组织学生参加国家级、市级、区级和校级赛事活动,提升学生广泛参与率;开展体育训练营活动,组建冰壶、足球、田径、龙舟等运动队,进行高水平训练。通过比赛与训练,学生既提升了运动水平,更磨砺了意志品质。

表3-5 亭林中学主要学生赛事

级别	赛事	我校参赛项目
国家级	全国运动会	女子帆船
	全国青少年足球挑战赛	女足
	全国青少年足球赛	女足
市级	上海市运动会	女足
	上海市市民运动会	运动风筝
	上海市学生运动会	女足、田径、龙舟
	上海市学生阳光体育大联赛	田径、跳踢
	上海市青少年冰壶锦标赛	冰壶、陆地冰壶
	上海市校园足球联盟赛	女足、男足
	上海市青少年帆板帆船锦标赛	帆船、帆板
	上海市青年田径锦标赛	田径
	上海市龙文化全能赛	龙舟、运动风筝
	上海市青少年十项系列赛	田径
区、校级	金山区阳光体育大联赛	全部项目
	亭林中学三大运动会	田径、趣味体育、弄堂体育
	亭林中学三大联赛	足球、篮球、排球

综合实践活动：以学生实践为主要形式，开设综合类学生社团，开展校园节日文化、社会实践、职业体验等活动，提升学生审美素养和实践能力。

志愿服务：组织学生参与赛事服务，比如志愿担任比赛球童、见习裁判、助理教练等志愿服务岗位，让学生在劳动中养成服务奉献、尊重规则的品质。

（三）以体育人特色课程的评价体系

在课程实施的过程中，我们与高校等研究机构合作，推动评价体系的多元化和可操作性。针对已经形成的较为完善的读本资源，各编写小组编制相应课程的实施方案或课程指南，包括课程目标、途径、方法、资源、评价等。

我们在体育特色课程的评价上,一方面建立了"体育与健身"课程学习评价体系,从体育态度、专项技能、身体素质的维度开展基础课程评价,编写了《理解生命 健身养育:体育与健身手册》;另一方面开发"特色课程学习目标及学习效果评估体系",从"强体、立德、增智、赏美、乐劳"5个育人目标出发,设立20项具体学习目标以及66小项评估标准,各课程可以依据评估体系制定不同评估量表,对学生通过特色课程学习达成的素养进行评价,做到"课程—教学—评价"的一致性和整体性。

表3-6 亭林中学特色课程学习目标框架和素养评估标准

学习目标	评估标准
1. 强体	
1.1 增强体质:参与多种形式的体能训练,认真完成训练活动要求,做有良好运动习惯的**锻炼者**。	1.1.1 按时参加,认真完成体能和身体素质训练; 1.1.2 主动参加课堂活动、课间操以及体育竞赛; 1.1.3 积极鼓励同学队友参与体育活动和竞赛。
1.2 应对竞争:培养主动意识,全面参与,做能够积极应对竞争的**挑战者**。	1.2.1 清晰地认识自身的特长,并可进行积极的展示; 1.2.2 全面和正面地理解竞争和挑战的关系; 1.2.3 主动培养自己的参与意识,理解参与与自身发展的良性互动关系。
1.3 合作团结:在实践活动中促进团结与合作,培养集体性思维,做有团队意识的**协作者**。	1.3.1 意识到每个成员在团队中的不同角色; 1.3.2 积极主动地进行沟通,促进团队合作; 1.3.3 体现个人执行力,支持其他团队成员的发展; 1.3.4 关注团队中的个体差异性,有效地思考解决团队冲突的方法。
2. 立德	
2.1 家国情怀:了解国情历史,培养国家意识,认同国民身份;增强文化自信,尊重中华民族的优秀文明成果,做弘扬优秀传统文化的**传承者**。	2.1.1 了解国情的基本概况,学习文化传统; 2.1.2 培养对于祖国文化的自信和认同意识; 2.1.3 通过多种形式,积极地表达和传播优秀传统文化。
2.2 社会责任:热心公益和志愿服务,自觉承担社会责任;主动作为,履职尽责,做对自我和他人负责的**主人翁**。	2.2.1 了解并学习主人翁意识的内涵; 2.2.2 培养自我责任感,认识到自我和他人的相互联系; 2.2.3 积极关注并参与社会公益和志愿活动,在实践中体会和承担社会责任。

续表

学习目标	评估标准
2.3 **坚毅拼搏**：不怕挫折，培养坚毅果敢的品质，做勇于克服困难的**拼搏者**。	2.3.1 克服自身现有的局限，参与具有挑战性的体育训练和竞技活动； 2.3.2 积极全面地认识困难与发展的有机联系； 2.3.3 积极帮助和促进同学队友共同克服困难。
2.4 **体育道德**：内化追求卓越的精神，在体育相关的学习活动和实践中深化规范有序性，做体育道德的**弘扬者**。	2.4.1 体会领悟规范有序的体育道德的内涵； 2.4.2 结合日常的学习生活，全面解释规范性和有序性的重要作用； 2.4.3 在体育活动和竞技中，通过持之以恒的行为体现出内化的体育道德。
3. 增智	
3.1 **目标规划**：通过体育教学和竞技活动，逐渐确立明确的目标感，做自我发展的**规划者**。	3.1.1 明确理解并阐释目标的意义； 3.1.2 树立明确的短期目标，并制定相应的目标实施计划； 3.1.3 统一并联系目标和生涯规划，树立长期发展目标。
3.2 **乐学好学**：形成正确的学习意识，理解学习的价值，激发浓厚的兴趣，做具有积极态度的**学习者**。	3.2.1 从不同角度理解学习的意义，以及学习和个体发展的密切关系； 3.2.2 能够主动提出问题，并思考解决问题的可能方向； 3.2.3 通过口头和书面的表达形式，表达对新知识的阅读和探寻兴趣。
3.3 **勤于反思**：形成合理的自我认知，根据不同的情境和发展阶段，适时调整或优化自己的学习策略和方法，做不断改进的**反思者**。	3.3.1 对自我学习状态进行审视，总结经验，意识到不足之处； 3.3.2 针对需要改进的地方，有目标地提出优化学习的具体方案和方法； 3.3.3 在学习的过程中，有意识地应用优化的学习方法。
3.4 **自主钻研**：培养主动探索的品质，打造终身学习的意识，做独立思考的**探索者**。	3.4.1 以开放的心态迎接和发现学习新知识的机会； 3.4.2 选择有效的信息和工具，主动了解并和同学们分享新的知识； 3.4.3 积极思考解决复杂问题的可能路径和方法。
3.5 **实践创新**：应用所学知识解决现实问题，做到学用结合，知行合一；能够在实践中培养创新性思维，做勇于突破的**创新者**。	3.5.1 体现出多角度分析信息的能力，能够比较不同角度在认识上的差异性； 3.5.2 分辨"事实"和"观点"的不同，具有比较和综合分析观点的能力； 3.5.3 体现逻辑思考和分析问题的能力； 3.5.4 应用有效的工具和方法，选择、分析、整合和应用信息，提出具有针对性的解决方案。
4. 赏美	
4.1 **感知力量美**：感知体育中表现出来的身体美和力量美，身体力行，做体育力量美的**传播者**。	4.1.1 参与课堂内外不同形式的体育艺术欣赏活动； 4.1.2 以整体性的视角，认识到体育身体美和力量美是审美活动中的重要部分； 4.1.3 认识到体育力量美和形体美与其他艺术审美的重要联系。

续表

学习目标	评估标准
4.2 体会创造美:欣赏多种形式的体育项目和创作,陶冶艺术情操,做规范有序美的**创作者**。	4.2.1 体验和理解体育活动中特有的规范有序的美感; 4.2.2 在课堂学习活动中,表述出对体育美感的认识和感悟; 4.2.3 在作业和作品中,有意识地运用体育创作美的元素。
4.3 展现生命美:感受体育特有的魅力,认识体育与全面发展的积极和谐关系,做生命活力美的**展现者**。	4.3.1 参与学校多种形式的体育艺术实践; 4.3.2 了解并观赏重大体育赛事,提高体育审美的能力; 4.3.3 结合体育审美与自身日常的体育活动,在实践中不断提出和完成新的目标。
4.4 彰显人格美:促进自我管理能力的提高,包括情绪管理和时间管理等,磨砺耐压抗挫的品质,做健全人格美的**践行者**。	4.4.1 在学习和活动中体现出良好的自我时间管理能力,按时完成计划的学习任务; 4.4.2 以积极的心态和勇敢的精神面对遇到的困难; 4.4.3 分析自身优势,积极进行自我激励,有效地制定方案去克服困难。
5. 乐劳	
5.1 与生活德育的教育相结合,使劳动进一步内化为自觉的行为,成为积极劳动习惯的**推动者**。	5.1.1 认识并可以清晰表述劳动的意义和价值追求; 5.1.2 通过日常生活自理和家庭服务,培养积极劳动的习惯; 5.1.3 在日常劳技课和其他学科课程的学习中,深入体会劳动精神,并可以表述自己的见解; 5.1.4 参与个人志愿和班级志愿活动,形成个人的劳动兴趣和积极态度。
5.2 尊重劳动精神,尊重劳动者,深刻体会劳动的艰辛和珍惜劳动果实,做营造劳动光荣氛围的**感恩者**。	5.2.1 体会不同的劳动以及职业生涯的深刻含义; 5.2.2 认真参与弘扬劳动精神的校园文化活动; 5.2.3 可以通过多种表现形式(写作、演讲、绘画、手工等),表达对劳动成果的珍惜; 5.2.4 主动参与校园志愿服务等义务性劳动以及劳技课,并按时提交课程报告。
5.3 了解关注家乡发展,通过社会服务加强服务家乡的意识,专注一隅,做具有匠心匠才的**劳动者**。	5.3.1 通过公益劳动和职业体验等相关课程,全面了解学校、社区和产业的相关特征和发展状况; 5.3.2 结合个人兴趣和价值观,树立服务家乡的长远发展目标; 5.3.3 围绕服务家乡的目标,进行相应的个人生涯规划; 5.3.4 在专业性和反复性的劳动实践中,打造工匠精神和专业精神,培养职业素养。
5.4 通过劳动进行自我探索,在日常生活实践中尝试劳动创意,结合生涯规划,做不断创新的**发展者**。	5.4.1 在日常生活情景中不断进行自我劳动价值探索; 5.4.2 通过校内劳动和社会服务,提升个体劳动能力和素养; 5.4.3 在社会服务活动中,活学活用,不断进行探索性创意劳动; 5.4.4 结合个体生涯规划,主动进行有目标、专业性的劳动实践,服务社区和社会。

这一学习效果评估体系参考了加拿大相关学校课程学习目标和学习效果评估的体系设定，结合亭林中学自身的教学优势和教学传统，在和学校领导、教学团队的多组座谈基础上，收集分析经验性访谈数据，开发总结而成，具体有以下考量和特点：

1. 立足亭林中学自身的教学优势和特色。该评估体系植根于学校自身的教学优势和特色，从而使其区别于一般学校对于国外学校教学评估体系简单直接的照搬硬套。该体系包含"强体、立德、增智、赏美、乐劳"五个方面的学习目标。这些学习目标是对学校五十年来校训和教学目标的总结和萃取，也是和现有课程体系设定的有效对接。这一整体学习目标框架的总结和设定为课程学习目标和评估奠定了有效基础。

2. 着眼学习目标、学习效果和全面素质能力测评。这一评估体系主要着眼于学生的学习目标、学习效果以及全面素质能力发展和评估，将学生的知识结构、综合素质以及品德意志的多方面培养有机结合起来，这与素质教育的核心精神一脉相承。该体系主要着眼于素质能力测评，突破了课程科目知识结构的局限性，为学习目标培养和综合素质培养奠定了基础。围绕四大类学习目标，该体系对每一类目标进行了详细的界定和诠释，并设立了相应的课程评估标准。基于"强体、立德、增智、赏美、乐劳"五大学习目标，该体系提出了20项具体的学习目标，每一学习目标指向一项具体的能力培养。这20项具体学习目标包括培养：锻炼者（增强体质）、挑战者（应对竞争）、协作者（合作团结）、传承者（家国情怀）、主人翁（社会责任）、拼搏者（坚毅拼搏）、弘扬者（体育道德）、规划者（目标规划）、学习者（乐学好学）、反思者（勤于反思）、探索者（自主钻研）、创新者（实践创新）、传播者（感知力量美）、创作者（体会创作美）、展现者（展现生命美）、践行者（彰显人格美）、推动者（劳动内化）、感恩者（尊重劳动）、劳动者（服务家乡）和发展者（创意劳动）。

3. 动态及系统性。该评估体系包括"强体、立德、增智、赏美、乐劳"五个类别的学习目标，每个学习目标类别下包括若干项具体学习目标；每项学习目标包括3—4项具体评估标准。整个体系包括了5个类别的学习目标，20项具体学习目标，以及66小项评估标准。该体系涵盖了课程总体学习目标、总体课程评估标准、单项课程学习目标以及单项课程评估标准四个层次。整个评估体系呈现动态性结构和系统化的特点，主要体现在两个方面：在横向层级上，四个层级（包括总体课程学习目标、总体课程评估标准、单项课程学习目标和单项课程评估标准）之间层层衔接，环环相扣。20项具体的学习目标涵盖在5大类学习目标之下，是对5大类学习目标的具体阐释和进一步细化。66小项评估标准与20项学习目标相应对接，每一项评估标准评测一项具体学习目标。每一项具体学习目标经过3—4项评估标准进行多角度和多层次的评测。每一项课程的课程学习目标涵盖在整体课程学习目标体系之下，从20项整体学习目标中抽取6—7项进行重点关注和培养。在此基础上，20项整体学习目标中的每一项均经过了多门课程的重复性、多角度检验（4—5次），以此确保每项学习目标在课程中反复被强化和检验，从而达到有效的学习效果。每项具体课程学习目标的评估标准是在课程具体学习目标的基础上制定出来的，为教师进行教学、布置作业和成绩评估提供具体的评分标准（评分点）。在纵向层级上，该体系为有效地进行课程开发和深入探讨课程之间的有机联系提供了有意义的框架工具。20项具体学习目标侧重于5个方面，各有差异，却又相互支撑，相互补充强化，从而形成一个有机的、具有层次性和交叉性的整体框架。

4. 实际操作性。该体系从宏观的角度设立了整体课程学习目标和评估标准（第一层次），同时从微观的角度为每一门课程提供了学习效果评估的具体标准（第二层次）。课程的每一项作业又可根据该项课程的具体学习目标（第三层次），设立作业评估标准（第四层次）。第四层次的作业评估标准细化到具体的评分点，具有极强的实际操作性，可以直接运用到课程作业的评估中。

校本课程特色案例：

地理环境与体育运动

课程学习目标简介

本课程涵盖了课程评估框架中强体、立德、增智、赏美、乐劳五个领域中的六项具体学习目标，旨在通过了解学习地理环境和体育运动的相关知识，理解自然地理环境、工业文明和地域文化与体育运动的形成与发展之间的相互作用和相互影响。

此课程通过对体育运动和地理环境的和谐统一的认识，提高学生对国情的认知和文化的自信心，培养自我责任感，主动关注社会和地理环境；通过从地理环境角度对体育运动发展的学习，激发浓厚的学习兴趣，培养主动探索知识的意识；深入和思辨地了解社会文明发展和地理环境之间相互影响和制约的关系，在对实际问题的思考中培养创新思维，提高针对性和创造性解决问题的能力；进一步认识地理环境与人类文明发展的积极和谐关系，体悟体育文明，积极展现体育活力与生命美。

通过对地理环境与体育运动课程的学习，培养学生成为家国情怀的传承者，社会责任的主人翁，乐学好学的学习者，自主钻研的探索者，实践创新的创造者和生命美的展现者。

学习目标	评估标准
1. 强体	
2. 立德	
2.1 家国情怀：了解国情历史，培养国家意识，认同国民身份；增强文化自信，尊重中华民族的优秀文明成果，做弘扬优秀传统文化的传承者。	• 了解国情的基本概况，学习文化传统； • 培养对于祖国文化的自信和认同意识； • 通过多种形式，积极地表达和传播优秀传统文化。
2.2 社会责任：热心公益和志愿服务，自觉承担社会责任；主动作为，履职尽责，做对自我和他人负责的主人翁。	• 了解并学习主人翁意识的内涵； • 培养自我责任感，认识到自我和他人的相互联系； • 积极关注并参与社会公益和志愿活动，在实践中体会和承担社会责任。

续表

学习目标	评估标准
3. 增智	
3.2 乐学好学:形成正确的学习意识,理解学习的价值,激发浓厚的兴趣,做具有积极态度的**学习者**。	• 从不同角度理解学习的意义,以及学习和个体发展的密切关系; • 能够主动提出问题,并思考解决问题的可能方向; • 通过口头和书面的表达形式,表达对新知识的阅读和探寻兴趣。
3.4 自主钻研:培养主动探索的品质,打造终身学习的意识,做独立思考的**探索者**。	• 以开放的心态迎接和发现学习新知识的机会; • 选择有效的信息和工具,主动了解并和同学们分享新的知识; • 积极思考解决复杂问题的可能路径和方法。
3.5 实践创新:应用所学知识解决现实问题,做到学用结合,知行合一;能够在实践中培养创新性思维,做勇于创新的**创造者**。	• 体现出多角度分析信息的能力,能够比较不同角度在认识上的差异性; • 分辨"事实"和"观点"的不同,具有比较和综合分析观点的能力; • 体现逻辑思考和分析问题的能力; • 应用有效的工具和方法,选择分析、整合和应用信息,提出具有针对性的解决方案。
4. 赏美	
4.3 展现生命美:感受体育特有的魅力,认识体育与全面发展的积极和谐关系,做生命活力美的**展现者**。	• 参与学校多种形式的体育艺术实践; • 了解并观赏重大体育赛事,提高体育审美的能力; • 结合体育审美与自身日常的体育活动,在实践中不断提出和完成新的目标。
5. 乐劳	
5.2 尊重劳动精神,尊重劳动者,深刻体会劳动的艰辛和珍惜劳动果实,做营造劳动光荣氛围的**感恩者**。	• 体会不同的劳动以及职业生涯的深刻含义; • 认真参与弘扬劳动精神的校园文化活动; • 可以通过多种表现形式(写作、演讲、绘画、手工等),表达对劳动成果的珍惜; • 主动参与校园志愿服务等义务性劳动以及劳技课,并按时提交课程报告。
5.3 了解关注家乡发展,通过社会服务加强服务家乡的意识,专注一隅,做具有匠心匠才的**劳动者**。	• 通过公益劳动和职业体验等相关课程,全面了解学校、社区和产业的相关特征和发展状况; • 结合个人兴趣和价值观,树立服务家乡的长远发展目标; • 围绕服务家乡的目标,进行相应的个人生涯规划; • 在专业性和反复性的劳动实践中,打造工匠精神和专业精神,培养职业素养。

（四）以体育人的智慧运动创新实验室建设

2020年，为进一步贯彻落实《上海教育现代化2035》提出的"深化学校体育改革，建立有特色的各级教育现代化学校体育素养发展体系"目标，基于移动互连、大数据、人工智能等新兴技术手段，亭林中学开始着手建设体教融合智慧运动创新实验室，旨在进行智慧体育课程开发，对学生体质健康进行智慧化监测与干预，对全区学生体质健康数据进行可视分析、提出并推送运动干预方案，对部分学生的身心健康问题进行长期运动干预研究，进而促进学生掌握运动技能，养成锻炼习惯，形成终身运动的生活方式。

结合我们的办学理念与"以体育人"的教育模式，我们将理想中的体教融合智慧运动创新实验室的特征与愿景描绘如下：

一是快速便捷性。通过建设体教融合智慧运动创新实验室，基于移动互连、现代通信、网络、大数据技术，将健身、体质测试、锻炼、生活方式等各项数据汇总至实验室平台数据库，通过各种行为分析和决策相结合的手段，使学生不论何时、身在何处都可以通过移动网络得到自身体育与健康数据，便捷地给予学生体育与健康知识与行为的科学指导与帮助。

二是个体针对性。青少年群体由一个个鲜活具有朝气的个体组成，每个个体的体质成因各不相同，对体育与健康的认知与态度、对健身项目的选择、对饮食和营养的需求等等都不尽相同，而体教融合智慧运动创新实验室可通过平台的云计算能力结合个体信息，自动匹配符合个体需求的综合干预方案并快速推送，实现对个体的体育与健康方案的针对性干预。

三是开放共享性。开放与共享是平台的社会属性之一，有利于更好地发挥平台社会效应。相较于传统健身干预手段，体教融合智慧运动创新实验室具有更强的开放性和共享性，引聚更多的外校青少年和社区居民参与到体质健康促进中，帮助更多的人使用实验室软硬件,实现优质资源共建、共享。

四是集成协作性。多年的青少年体质健康干预实践证明,单一干预手段已不足以解决青少年体质健康问题,青少年体质健康促进所需要的体质体能检测与诊断、膳食营养处方的选择与推送、健身知识的传播、体育锻炼项目的筛选与运动处方的供给等都可以通过智慧运动创新实验室云平台进行高效协同处理,其把各种技术手段有机结合为干预目标服务,充分发挥智慧化干预的集成协作优势。

五是科学干预性。智慧运动创新实验室平台是一个集信息感知、记忆、联想、情感、逻辑分析、自动辨别、科学计算、综合分析判断功能为一体并推送科学干预决定的虚拟工作空间。在平台中,体育学、医学、生物学、营养学、信息技术、心理学等多学科知识与成果交叉、综合,共同作用形成科学的干预方案。在采集个体体育与健康信息后,平台通过综合分析、协同运作,对青少年生活方式提出科学的干预方案并监督执行。

六是高效智能性。智慧运动创新实验室的智能化是指由通信与信息技术、计算机网络技术、智能控制技术汇集而成的针对体育与健康干预的高级化应用。通过一定时期的体育与健康数据积累,对青少年健康行为进行自动化分析、计算、比较、判断、联想、决策,形成干预的高效智能化,是实验室未来的发展目标。

实验室建设的内核是一系列数据库的建设与应用。数据库主要有四个,分别是健身指标数据库、健康指标数据库、体质指标数据库、健康指导数据库。这些数据库分别对应前期的数据收集和后期的干预方案(如图3-5所示)。

第一层级:健身信息反馈层级。平台为青少年提供个体健身信息,向健康者提供个体简单的运动实时数据,个体在得知自己的信息后进行二次信息处理,通过自身经验或知识计算得出干预信息,或者经由专业人员的再次解释,干预自身健康行为。

第二层级:智慧化健身干预层级。与第一层级平台相比,第二层级平台开始具有了真正意义上的智慧化干预。平台收集到青少年个体基本信息及个体运动健身信息后,通过与平台中运动处方数据库运算比对,根据青少年个体健身现状,向其提供符合

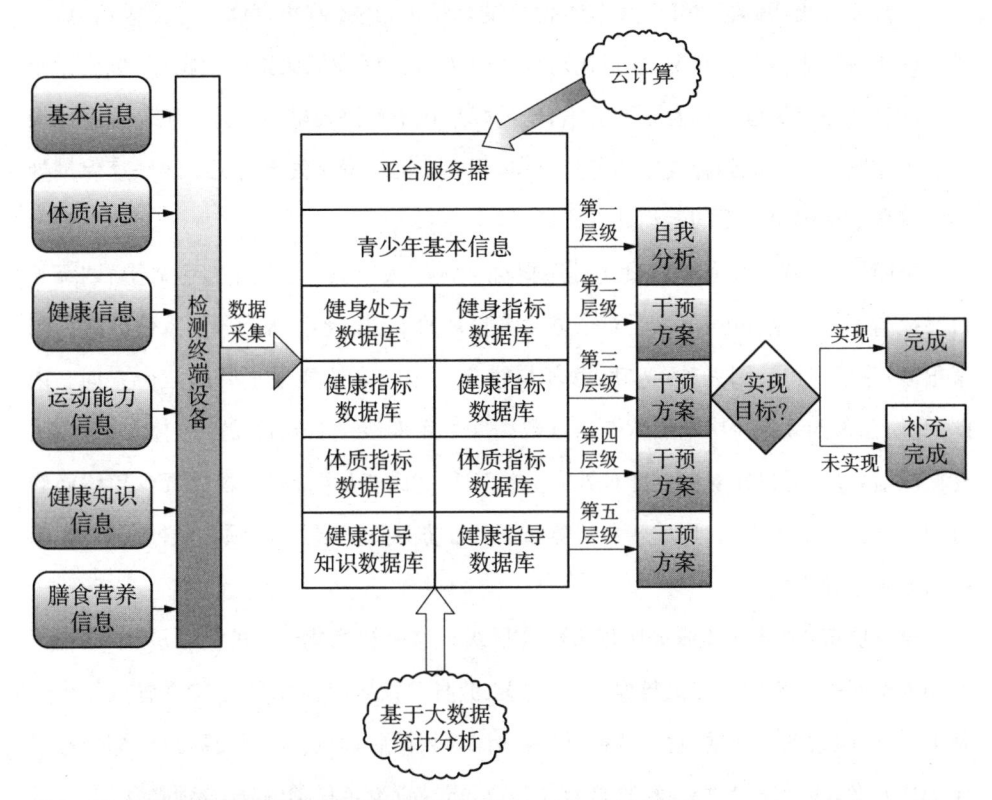

图 3-5　智慧运动创新实验室各数据库应用示意图

青少年个体的最佳健身指导方案,干预青少年体质健康促进。

第三层级:智慧化健康与健身干预层级。该层级比第二层级又提高了平台的智慧化程度,平台增加了个体身体健康的评价体系。数据平台的全面铺开是智慧化干预的现实需求,除了客户端基本即时信息的获取,个体的体质健康数据收集也极为重要。例如需要应用固定大型设备的医疗体检报告、日常活动大数据、运动健康精准数据的采集等(包括亭林中学小样本数据和全区大样本数据的采集)。该层级需要多种体系间的协作和配合,利用第三方提供的数据来完善个人账户的资料,以便大数据分析计算和有效反馈。

平台在收集存储青少年个体基本信息的基础上，还要收集存储个体健康信息，结合个体体质健康检测的状况，通过比对运动处方数据库和健康指标数据库，形成指导个体健身和医疗保健的综合干预方案，通过智慧化干预路径推送实施干预。这个层级的干预方案不但考虑到青少年的健身个案，还要根据青少年健康情况推送医疗保健处方和符合个体健康水平的运动处方。

第四层级：智慧化营养膳食与健康促进干预层级。在第三级平台基础上，四级平台又提高了智慧化程度，增加了对个体营养膳食的干预内容。因为影响人体健康的因素很多，除了遗传性因素外，运动、营养与膳食是影响人体质最重要的三个方面。因此，我们在第四级平台中增加营养膳食数据库。第四级平台在接受个体体质、营养膳食检测信息后，通过比对营养膳食处方数据库和健康指标数据库，根据青少年体质健康现状与营养膳食现状，形成膳食营养与运动处方，通过智慧化干预路径推送营养、膳食与健身干预方案。

第五层级：智慧化体质健康促进综合层级。这是智慧化干预的高级层级，即在第五级数据库中又增加了知识数据库（含健康、健身等指导内容）。平台接受青少年个体基本数据、健康现状数据、营养数据、健身知识等数据后，通过综合计算，形成综合性最佳干预方案，向个体提供健身、膳食营养处方，指导青少年科学健身、合理膳食。

基于这五个层级和相应数据库的建设，实验室的功能发挥需要有"人"。这其中包括两个层面：一是基于"微课程"开发、教学的大学与亭中团队的合作。在这方面，我们陆续开发了一系列的"微课程"，立足学生需求与兴趣，着重将传统体育项目置于新的时代背景下、新的技术变革情境中进行再探究、再开发，其中的部分精品课程目前已经上线上海高中名校慕课平台。二是专家工作坊。以智慧创新实验室建设为依托，组织国内知名运动技能、体能、体育教育、健康促进、心理干预方面专家，就"运动技能与体能提升""运动心理健康""体育健康生活方式""运动损伤与防护"等专题开展系列研讨与报告，致力于提升青少年及相关教师的体育素养与技能，助力实现"以体育身、以体育心、以体育智、以体育德"四位一体的"以体育人"目标。其中，"运动技能与体能专家工作坊"主要针对青少年各运动项目技能形成的规律,力量、速度、耐力、灵敏等体能素质提升的要点,以及通过体育干预青少年常见体质健康问题进行专题研讨与培训。"体育生活方式专家工作坊"主要针对如何将体育融入青少年日常生活进而形成体育生活方式和终身锻炼习惯进行专题研讨与培训。"体育与心理健康专家工作坊"主要针对如何运用体育活动方式改善青少年心理健康状况、干预青少年心理健康问题进行专题辅导与培训。"运动损伤与防护专家工作坊"主要针对青少年常见的运动损伤预防与康复进行专题辅导与培训。专家工作坊通过"金山区体育教师师资培训基地""金山区体育与健康科普教育基地"等平台向全区体育老师和专业运动队教练员开放。

实验室的目标是育人,培养学生的创新思维,提升他们的科研能力。通过项目建设与实施,不仅将智慧运动创新实验室作为分析、推送、干预青少年身心健康数据的平台和相关课程开展的场所,也将学生作为实验室的主体,利用学校的创新素养基地,通过上海体育大学专家、博士生团队的现场指导(如周末时间),让学生通过实验室设备和采集的数据开展"小课题"研究,如:运动参与时长、频率与体质健康的关系;体育参与影响因素的多维度调查;文化课成绩与体育成绩的关系及阻碍因素等学生感兴趣的科研选题。通过"小课题"研究激发学生科研兴趣,了解科研方法,培养和提升学生分析问题、解决问题的思维和实践能力。

相较于以往青少年体质健康促进及相关课程、实验室建设项目,我们认为,实验室建设主要凸显了以下创新点:

一是基于学校体育特色呼应国家政策需求。通过亭林中学多年来形成的体育特色,从基层探寻体教融合政策对于"通过体育促进健康、通过体育育人"目标的实践路径,既符合亭林中学的办学目标与特色,也从底层呼应了国家政策的需求。

二是通过智慧手段实现健康促进与教学改革目标。在智慧体育日益兴起、新兴技术手段日益成熟的当下,本项目积极利用大数据、人工智能等技术与设备,基于不同年龄、性别等个体特征,为通过智能化、科学化、便捷化手段完成体质测试、运动数据的采集与分析、提供诊断性报告和跟进建议报告等提供了技术支撑,达到提升学生健康身心水平的目标。

三是将实验室建设与课程开发、专家指导、学生科研能力培养等相结合。依托智慧运动创新实验室建设项目,借助上海体育大学科研团队力量,通过"专家工作坊""博士科研点"等形式,深度合作开发智慧体育与健康课程、进行青少年体育与身心健康课题研究、开展专家讲座与指导等,将实验室建设、课程开发、教学改革深度融合,共同服务"以体育人"的教育目标,促进青少年健康成长。

三、专业:以体育人的发展框架

运动员不是仅有"发达的四肢",也不是一堆神经元的简单组合。实际上,运动员的每次出色表现都是他们的头脑和身体以复杂、独特、不可思议的方式协同运作的成果。运动员长期发展(LTAD)研究关注的正是他们的"身脑结合"。采纳整体的研究路径,有利于我们帮助运动员在生理、心理、认知和情感发展等方面获得最大收益。

体育运动是对运动员生理和心理的双重挑战,但作为回报,体育运动也有助于培养他们的关键品格、领导力和社交技能,帮助他们在个人、团队和人生的其他舞台取得更佳表现。我们主要关注以下几个对运动员的整体发展具有促进作用的方面:心理发展、品德发展和领导力。

心理发展

西方有句谚语:运动员的表现90%源自心理、10%来自生理。尽管目前科学家们还不能完全确定这两者分占的具体比例,但大多研究者都认可心理因素在运动员表现上的关键作用。过去几十年的相关研究表明,运动员的心理状态对他们日常训练的效果以及竞技表现影响巨大。对运动员来说,培养成功的心态和体能、技术、战术训练以及竞赛集训一样重要。将心态培养纳入运动员的日常训练中,有利于提高他们的整体表现。因为不管是在训练场、在竞技场,还是在"人生场",运动员都是一个"身脑结合"的完整的人。

品德发展

研究表明,参加运动可以提高心理健康水平、发展积极的社会交往能力、提高学业表现和职业成就。运动时,人们聚集在一起,共享运动之乐,身心得到休憩,这种放松中的凝聚力对于本地区的经济、文化和道德风尚都极其有益。参加运动能够减少成人和青少年的犯罪率,由此可见运动的威力之大!作为教练(教师),我们能以运动为手段帮助运动员(学生)习得有益于个人身心健康和和谐发展的生活技能,并帮他们塑造正确的价值观,帮助他们成为未来社会当中健康、积极和有贡献的成员。从这个意义上来讲,我们正在打造我们未来社会的优秀公民!

领导力

LTAD也注重提高运动员的社会情感能力,包括形塑个人道德发展的价值观、行事原则和生活技能。

从上述三个层面出发,我们经过多次研讨、打磨,制订了面向所有学生的亭林中学综合运动教育框架。这就不再仅仅是培养运动员,而是把"以体育人"大众化、常态化,体育不再是少数"精英""天才"的生活,而是所有亭中人的日常生活。

表3-7 亭林中学综合运动教育框架

年龄:15+ 2到3年	制定目标挑战自我: 挑战生理极限	做自己喜欢做的事,即使这很小众或不被广泛接受,同样也要尊重他人做喜欢的事	通过示范或工作坊和他人分享自己的经历	指导年轻的学生参加活动服务社区

续表

第四—五阶段：学会训练 学会达标	挑战自身独立性和创造性；保持日常训练	尝试新事物或害怕的事物	对你的生活环境，以及团结、友情和社区的力量表达感恩	每个人都自理自立
原则：战术 才能 韧性 勤奋	维护环境和器材	挑战自我，长时间保持专注力	每日反思和冥想	即使是为了娱乐，公平比赛和遵守规则也很重要
价值观：生活之美	生理	心理	精神	道德
	感受身体与自然的联系	体验持续努力的力量、培养毅力和决心	欣赏身心联系的复杂性	体会团队和社区的支持；体现同情与尊重

这个综合运动教育指导框架在具体的体育项目之中会有相对应的调整，并同时提供针对教练、教师、家长三种角色的指导策略，每种指导策略都是基于具体的问题展开。以足球为例，指导策略会引导教师思考：我要怎么帮助学生在我的学科中理解团队工作的价值和机会？我能够提供哪些工具辅助教学？我该扮演什么角色？而针对家长群体，则引导回答三个主要问题：我怎么帮助孩子在足球中理解团队工作的价值和机会？我可以提供什么样的工具和支持？我可以担任什么样的角色？

表3-8 综合运动教育：家长指导策略

类型	家长指导策略
我怎么帮助孩子在足球中理解团队工作的价值和机会？我可以提供什么样的工具和支持？我可以担任什么样的角色？	• 在您的孩子开始这项体育运动之前，看一些足球的在线视频（例如奥运会足球赛、足球训练、精彩集锦），并且和孩子一起讨论这项运动的团队属性，提出一些问题去帮助孩子全方位地理解和感受这项运动。比如一支球队如何通过合作来传球、预判球的运动轨迹、支援其他球员、阅读比赛以及交流。 • 思考一下足球队和其他运动项目的团队有何不同，比如棒球队、篮球队、舞蹈队。 • 想一想足球队在场上场下有哪些需要合作的地方。 • 训练结束后，和孩子谈谈足球中需要团队合作的元素（比如器材安装和保养，场地维护，裁判比赛，热身运动，缓和运动，开会交流，赛前准备，旅行计划等），让孩子评估每一项任务的重要性，从而帮助他们更好地理解这些任务之间的相互关系。 • 寻找适当的时机和孩子谈谈足球队的组成要素：球队是仅由运动员组成的吗？球队还有其他成员吗？教练是球队的一员吗？理疗师、裁判、对手、器材管理员呢？

续表

类型	家长指导策略
	• 让孩子找出足球队和学校、家庭、社会生活的相似之处,比如他们在日常生活中哪些时刻体会到"人多力量大"的意义?在足球比赛中,球员时时要经历"专注比赛—冷静思考—回归比赛"的自我调节过程,在生活中还有哪些地方体现自我调节的价值?集体工作还适用于哪些领域?还有其他相似点吗? • 鼓励孩子赛前赛后和队友、对手相互握手。 • 谈谈竞争的"协作性":如果没有对手,就没有比赛、没有机会去开发自己的潜能面对各种挑战。 • 鼓励孩子和不熟悉的人通过足球来建立友谊。 • 询问孩子在场上场下同同伴教练的交流方式,让他们意识到沟通的重要性,并且引申到与日常生活的相似之处。 • 在不去参加训练的时候,和孩子谈谈他们的缺席会有什么影响,这和在学校,在其他队伍、小组和社会活动中有什么不同,把团队精神与责任、沟通联系起来。 • 让孩子描述球队中的不同角色和想成为的角色。作为守门员要怎么做?队长、教练、家长又该怎么做? • 训练结束后倾听孩子对运动体验的反思。遇到什么困难?是什么阻碍孩子达成目标?孩子能否克服困难达成目标? • 家长应当和孩子讨论从同队队友身上得到和学习到了什么?同时又给予了团队什么?
承诺	• 讨论承诺在足球运动中的重要性,比如,如果有人没有参加训练或比赛会怎么样? • 询问孩子他们想做出哪种承诺,譬如,准时出场、做好准备、保持健康、乐于沟通、积极、专注和决心。 • 评估"对自己的承诺"的目标完成情况——讨论这意味着什么以及如何通过生活中的其他方面来体现。 • 帮孩子记录以下承诺来支持您的孩子:锻炼次数、训练时间、练球情况,还要记录他们在比赛和训练中保持专注的持续时间。
责任	• 询问孩子球队内每一位团队成员的独特职责,比如传球、交流、救球、防守、射门、得分、推进…… • 讨论每一位团队成员分配的角色或具体任务,比如器材运送和保养、旅行计划、场地维护、沟通工作、营养规划。 • 和您的孩子讨论如何将这些方法引入家庭生活的方方面面。 • 确定一个沟通方式,以防意外情况发生。 • 讨论成名运动员们或退役运动员们以哪些方式回馈社区,以及个人对社区的责任程度;一个运动员对社区的特有责任是什么?为什么? • 计划亲子志愿者活动,思考为什么这很重要以及你各自喜欢什么样的志愿活动,诸如担任裁判、观摩比赛、指导训练、为球队筹款、场馆清扫等。通过派对、颁奖之夜、文字记录和发布宣传材料的方式来庆祝和奖励。

续表

类型	家长指导策略
自律	• 用日记和训练日志来记录规律的行为,比如在日志中记录饮食健康、睡眠状况和恢复、训练时长、综合训练等。 • 观察孩子练球的态度和成果,强调自律的影响,比如你足球踢得更好了,是因为你更专注了;你看上去更健壮了,这归功于坚持锻炼。 • 阐释如何将大的目标分解成可以管理的步骤或者阶段目标。比如,如果你想在更高层次踢球,你得坚持每日训练,在后院或公园、学校、体育馆,在脑中模拟练球,无时无刻不寻找机会磨炼技巧。
努力	• 讨论以下目标(过程和结果):健康、沟通、技巧、力量、健身和速度——帮助您的孩子在讨论中记录下这些细节,并收录在海报上、日记中并邮件发送给指导老师。 • 给孩子提供机会在不同场合下和利用不同方式表达目标,如晚餐时、对话中、小组中和私下里。 • 通过不同次数和衡量标准来记录成功,包含常规的、增加的和多方面的。即使您的孩子在既定时间内没有完成大目标,他们也可以通过一些小的目标来逐步前进——这个方法在家庭和运动中都可以运用。
诚信	• 讨论比赛规则,比如出界、越位、罚球、暴力。可以从世界级比赛里寻找案例,比如世界杯、奥运会比赛。 • 讨论一下想象中的场景,比如"如果你的对手作弊了你该怎么办""如果你受伤了该怎么做""如果在比赛中有人受伤了怎么办""如果你的对手在言语上骚扰你怎么办"。 • 讨论受伤,如何处理受伤以及诚实面对受伤和康复的重要性。 • 讨论诚实品质的重要意义,以及在体育运动以外用到诚实的方面。
尊重自己和尊重他人	• 为孩子制作"健康记录"——生理(心率、体重)、训练、营养、睡眠和以维持与提升为目标的复健策略(注意:体重减轻可能是生病的征兆)。 • 给您的孩子提供机会来收集他人对自己表现的反馈,以帮助您的孩子建立更好的自信心,自尊和尊重他人。鼓励他们询问反馈,并在收到反馈后讨论反馈。 • 帮助您的孩子发现他们的优势并在适当的时候告诉他们。
包容	• 讨论一个团队中每个人的角色和每个位置的重要性。 • 讨论体型种类和相应的优势。 • 给您的孩子提供机会来思考他们在一个团队中的特别贡献。
积极的态度	• 通过"肌肉测试"来阐述积极心态的力量,比如当负面思考时,手臂肌肉是虚弱的;当积极思考时,手臂肌肉是强壮的。 • 表现出积极影响、支持和信任。 • 讨论足球运动中的仪式的益处和扮演的角色,并帮助您的孩子看到这与他们日常生活的关联性,如不同仪式过程的名称、团队名称,将特别的歌或者把合唱与仪式过程结合起来,模拟"惩罚"。 • 在场上场下营造积极乐观的文化环境——作为一名运动员,您的孩子想要在沟通中传递什么样的价值?采取什么样的沟通方式以及通过什么渠道传递这些价值? • 直面负能量,提醒您的孩子沮丧并不能解决任何问题;让他们去发现那些能帮助他们获得愉悦体验的方法,包括他们的身体姿势、态度、专注点和互动。

四、成效：以体育人与自我认知

为了评估"以体育人"系列特色课程及相关举措的效果,2020年,我们委托高校专家成立项目组,使用问卷调查的方式进行了效果评估。项目组于2020年10月中旬开展问卷预试工作,采集到学生试填的问卷共29份。结合在场学生们对问卷内容的反馈意见、问卷的填答情况以及初步统计分析的结果,对问卷进行修改完善,形成正式版的《高中生体育活动调查问卷》。同年10月下旬,项目组针对亭林中学全体在校学生开展了正式的问卷调查工作,向学生发放正式版的《高中生体育活动调查问卷》以及《卡特尔16种人格因素量表》。

回收两份问卷各726份,其中有效问卷724份,占全校学生总数(754人)的96%。以学籍号为识别码,将体育活动问卷数据、人格因素量表数据以及从校方获取的学生学业成绩数据进行匹配。去掉学籍号无法匹配的数据后,得到624个样本,用于后续的统计分析。样本的基本情况见表3-9。

表3-9 样本基本情况

项目	类别	频数	百分比(%)
性别	男	298	47.76
	女	326	52.24
年龄	15岁及以下	85	13.62
	16岁	247	39.58
	17岁	211	33.81
	18岁	72	11.54
	19岁及以上	9	1.44

续表

项目	类别	频数	百分比(%)
年级	高一	212	33.97
	高二	235	37.66
	高三	177	28.37
班级类型	文化班	304	48.72
	体育班	82	13.14
	艺术班	238	38.14
父亲的受教育程度	小学及以下	14	2.24
	初中	193	30.93
	高中或中专	253	40.54
	本科或大专	156	25
	研究生及以上	8	1.28
母亲的受教育程度	小学及以下	23	3.69
	初中	216	34.62
	高中或中专	205	32.85
	本科或大专	175	28.04
	研究生及以上	5	0.8
家庭月收入	4 000 元以下	30	4.81
	4 000—8 000 元	187	29.97
	8 000—12 000 元	247	39.58
	12 000—16 000 元	95	15.22
	16 000 元以上	65	10.42

调查发现,体育课数量方面,亭林中学非体育班的学生每周体育课数量集中在3—4节和5—6节,共占比约83%,体育班学生每周体育课数量为7—8节或9节及以上。

体育课的上课状态方面,接近85%的学生反映自己积极参与授课环节和自由活动,总体上看,大部分学生能认真对待体育课。根据交叉分析,从"积极参与授课环节和自由活动"的学生占比上看,文化班(87.6%)较艺术班(83.0%)和体育班(80.6%)的态度更为积极;女生(88.1%)比男生(81.7%)的态度更为积极;高一学生(89.2%)比高二(82.8%)和高三学生(82.5%)的态度更为积极。

课间体育锻炼方面,主要包括课间操和跑操等集体课间运动。每天参加4次以上课间体育运动的学生最多,约占36.9%;其次是每天参与1次和2次课间体育运动的学生,分别占35.9%和23.2%。

(一) 体育活动的感知有用性

体育活动的感知有用性是指学生主观上所感知到的体育对自身的作用。感知有用性的调查结果有助于我们从学生的视角了解学校体育工作的成效以及学生的认可程度。

项目组主要关注体育对人格发展的感知有用性以及体育对学习状态的感知有用性,共设8个简单问题,采用李克特5点计分,从1到5表示认同程度的递增。调查结果如下表所示。

表3-10 体育活动的感知有用性

变量	问题	得分(均值±标准差)
体育对人格发展的感知有用性	体育活动让我更积极	4.23±1.086
	体育活动让我更自律	4.23±1.078
	体育活动让我更独立	4.22±1.084
	体育活动让我更勇敢	4.22±1.092
体育对学习状态的感知有用性	体育活动让我学习状态更愉悦	4.14±1.151
	体育活动让我学习效率更高	4.12±1.151
	体育活动让我记忆力更强	4.11±1.136
	体育活动让我思维更活跃	4.13±1.143

总的来说,学生对于体育促进人格发展和学习状态的作用较为认同。感知有用性

的各个维度得分均在4分以上,分数较高。从各问题的得分均值位置以及标准差的情况来看,数据的离散程度较小,表明大部分学生对于体育活动的感知有用性看法较为一致。体育对人格发展的感知有用性得分总体上略微高于体育对学习状态的感知有用性得分,说明相比之下,学生对体育促进人格发展的作用更为认同。

(二) 体育活动促进学生人格发展

"以体促德"的实证研究主要探讨体育活动与学生人格发展的关系,主要分两个部分:一是对学生的16种人格因素得分进行分析,据此归纳学生的人格特征现状;二是对"体育活动—人格发展"结构方程模型的分析过程及结果进行呈现,从而揭示体育活动对学生人格发展的作用路径。

1. 学生人格特征现状

学生人格特征现状的数据来自学生对《卡特尔16种人格因素量表》的填答结果,对该量表数据的分析,主要采取以下步骤:首先,按照《16PF指导手册》的规定,对每个人格因素所对应问题的选项得分进行加总,得到16个人格因素的原始分。其次,通过手册的标准分换算规则,将原始分全部换算成取值范围在1—10的标准分,作为判断学生人格特征现状的依据(1—3分为低分特征,8—10分为高分特征)。随后,利用各个人格因素的统计量,判断学生各类人格特征的表现及其差异。由于不同班级类型的学生在不同维度的人格特征上存在差异,因此通过方差分析对班别间差异显著的人格因素进行判别,结合第三章所呈现的体育班和非体育班的体育活动情况差异,可对体育活动参与情况不同的人群所具有的人格特征进行初步了解。

学生总体以及不同班级类型学生的16种人格因素得分均值如图3-6所示。

➢ **高分因素:乐群性、聪慧性、恃强性、兴奋性、敢为性、世故性、忧虑性、紧张性**

总体上看,学生在乐群性、聪慧性、恃强性、兴奋性、敢为性、世故性、忧虑性、紧张性这8个方面得分较高。这8个因素的总体得分均值皆超过6分,其中,兴奋性的得分最为突出,总体均值超过7分。根据《16PF指导手册》对上述人格因素高分特征的

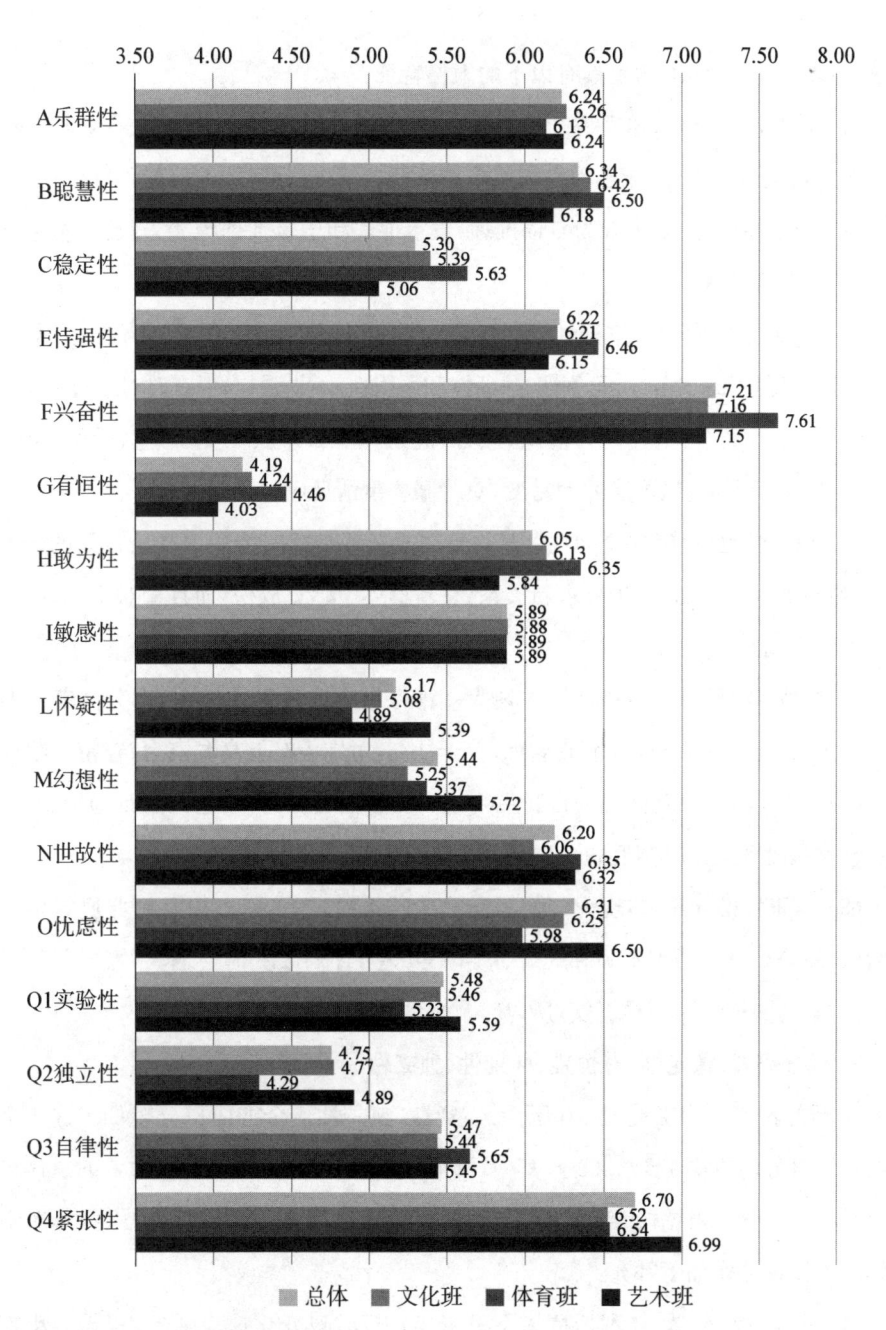

图 3-6 16种人格因素得分均值

因素	总体	文化班	体育班	艺术班
A 乐群性	6.24	6.26	6.13	6.24
B 聪慧性	6.34	6.42	6.50	6.18
C 稳定性	5.30	5.39	5.63	5.06
E 恃强性	6.22	6.21	6.46	6.15
F 兴奋性	7.21	7.16	7.61	7.15
G 有恒性	4.19	4.24	4.46	4.03
H 敢为性	6.05	6.13	6.35	5.84
I 敏感性	5.89	5.88	5.89	5.89
L 怀疑性	5.17	5.08	4.89	5.39
M 幻想性	5.44	5.25	5.37	5.72
N 世故性	6.20	6.06	6.35	6.32
O 忧虑性	6.31	6.25	5.98	6.50
Q1 实验性	5.48	5.46	5.23	5.59
Q2 独立性	4.75	4.77	4.29	4.89
Q3 自律性	5.47	5.44	5.65	5.45
Q4 紧张性	6.70	6.52	6.54	6.99

描述,可以认为,总体上学生具有以下的人格特征:

(1) 乐群性得分高,体现为开朗随和,对人热情友好,容易与他人交往,重视友谊,喜欢与人打交道的工作,能迅速与人组成较活跃的团体,而且能够接受不同意见。

(2) 聪慧性得分高,体现为言语推理、数字推理和逻辑推理等能力较强,抽象性思维较强,敏捷而聪颖。

(3) 恃强性也可译作"支配性"或"统治性",其得分高意味着力图影响他人的倾向性强,具备一定程度的攻击性、竞争性、独断性和顽固性,不畏强权,但有时对人过分责备。

(4) 兴奋性得分高,体现为活跃、热心、健谈、坦白、喜欢社交、时髦、爱引人注意、生机勃勃、富于表情,但可能冲动易变,对待某些事情反应过于强烈。

(5) 敢为性也可译作"交际性",其得分高意味着在社交情境中轻松自如的程度较高,不怕与陌生人谈话,敢于寻求新关系,在新群体中感觉放松,而且喜欢探求新事物,追求冒险和刺激。

(6) 世故性可译作"隐秘性",体现为一种保留个人信息的倾向,得分高者不愿轻易透露个人信息,为人机灵,世故老练,善于社交,对别人有较高洞察力,善精打细算。

(7) 忧虑性得分高,体现为自我批判或内疚的程度较高,对他人的行为较为敏感,对自己挑剔批评,容易感到沮丧,常常怀疑自己、自寻烦恼。

(8) 紧张性得分高,体现为与他人交往中的不稳定、不耐心以及由此所导致的躯体紧张,高分者容易感到不满和厌恶、产生挫败感,计划改变时会恼火,需要等待时没有耐性,常匆匆忙忙而心神不安,所以时常感到疲劳和焦虑。

> **低分因素:稳定性、有恒性、怀疑性、独立性**

相比之下,学生在稳定性、有恒性、怀疑性、独立性4个方面得分较低。这4个因素的总体得分均值均小于5.5分,其中,有恒性和独立性的得分最低,两者的总体得分均值都小于5分。根据《16PF指导手册》对上述人格因素低分特征的描述,可对学生总体的人格特征作如下补充:

(1) 稳定性得分低,体现为情绪不稳定、易波动,对变化反应强烈,容易因小事而烦躁,对挫折的耐受性差,对生活的调整适应不良。

(2) 有恒性得分低,体现为意志容易动摇,责任感缺乏,不喜欢遵守规范,喜欢灵活、不受拘束的生活,更关心属于自己的某个价值观或目标,因而可能具有反抗性、高创造性、高自主性。

(3) 怀疑性得分低,体现为信任他人,依赖随和,安全感强,无嫉妒心,容易相处;对他人不会追根问底,易接受意见,能与他人合作。但可能因为幼稚轻信导致容易受人欺骗。

(4) 独立性得分低,体现为融合于周围群体和参与集体活动的倾向性强,亲和、依赖,喜欢与别人一起工作和解决问题,缺乏个人决断,需要集体的鼓励和支持。

2. 不同班级类型学生的人格特征差异

为了确定不同班级类型学生在哪些人格因素的得分上存在显著差异,以16种人格因素为目标变量,班级类型为类别变量,进行方差分析,结果如表3-11所示。

表3-11 16种人格因素的方差分析结果

人格因素	班级类型	均值±标准差	F	P	显著性
A 乐群性	文化班	6.26±1.75	0.3	0.7388	—
	体育班	6.13±1.76			
	艺术班	6.24±1.75			
B 聪慧性	文化班	6.42±1.75	1.66	0.1917	—
	体育班	6.50±1.57			
	艺术班	6.18±1.94			
C 稳定性	文化班	5.39±1.58	4.86	0.0081	**
	体育班	5.63±1.67			
	艺术班	5.06±1.69			
E 恃强性	文化班	6.21±1.47	1.21	0.2974	—
	体育班	6.46±1.29			
	艺术班	6.15±1.48			

续表

人格因素	班级类型	均值±标准差	F	P	显著性
F 兴奋性①	文化班	7.16±1.62	2.86	0.0582	—1
	体育班	7.61±1.43			
	艺术班	7.15±1.63			
G 有恒性	文化班	4.24±1.47	2.65	0.0717	—
	体育班	4.46±1.60			
	艺术班	4.03±1.64			
H 敢为性	文化班	6.13±1.40	5.28	0.0053	**
	体育班	6.35±1.29			
	艺术班	5.84±1.24			
I 敏感性	文化班	5.88±1.61	0	0.9968	—
	体育班	5.89±1.52			
	艺术班	5.89±1.55			
L 怀疑性	文化班	5.08±1.71	4	0.0188	*
	体育班	4.89±1.75			
	艺术班	5.39±1.61			
M 幻想性	文化班	5.25±1.30	7.34	0.0007	**
	体育班	5.37±1.28			
	艺术班	5.72±1.49			
N 世故性	文化班	6.06±1.39	2.83	0.0601	—
	体育班	6.35±1.45			
	艺术班	6.32±1.37			
O 忧虑性②	文化班	6.25±1.72	3	0.0505	—2
	体育班	5.98±1.83			

---

① 由于 $P=0.0582$,存在接近统计学意义的差异,因此后续分析仍将 F 兴奋性考虑在内。
② 由于 $P=0.0505$,存在接近统计学意义的差异,因此后续分析仍将 O 忧虑性考虑在内。

续表

人格因素	班级类型	均值±标准差	F	P	显著性
	艺术班	6.50±1.66			
Q1 实验性	文化班	5.46±1.36	2.58	0.0766	—
	体育班	5.23±1.31			
	艺术班	5.59±1.41			
Q2 独立性	文化班	4.77±1.68	4.21	0.0153	*
	体育班	4.29±1.52			
	艺术班	4.89±1.63			
Q3 自律性	文化班	5.44±1.44	0.84	0.432	—
	体育班	5.65±1.57			
	艺术班	5.45±1.43			
Q4 紧张性	文化班	6.52±1.47	6.62	0.0014	**
	体育班	6.54±1.41			
	艺术班	6.99±1.44			

(注：* 表示 $P<0.05$；** 表示 $P<0.01$)

根据方差分析结果，不同班级类型的学生在 C 稳定性、H 敢为性、M 幻想性和 Q4 紧张性这 4 个人格因素上存在显著的统计学差异（$P<0.01$）；在 L 怀疑性、Q2 独立性这 2 个人格因素上存在统计学差异（$P<0.05$）；在 F 兴奋性、O 忧虑性这 2 个人格因素上有接近统计学意义的差异。因此，下面将着重对比不同班级类型学生在上述 8 个方面的人格特征情况。

在方差分析的基础上，结合不同班级类型学生的 16 种人格因素均值对比雷达图及有关统计量，可以总结出文化班、体育班和艺术班各自相对高分和相对低分的人格因素。值得一提的是，此处的"高分"与"低分"只是三类班级相比较而言的得分高低，非绝对意义上的评判。

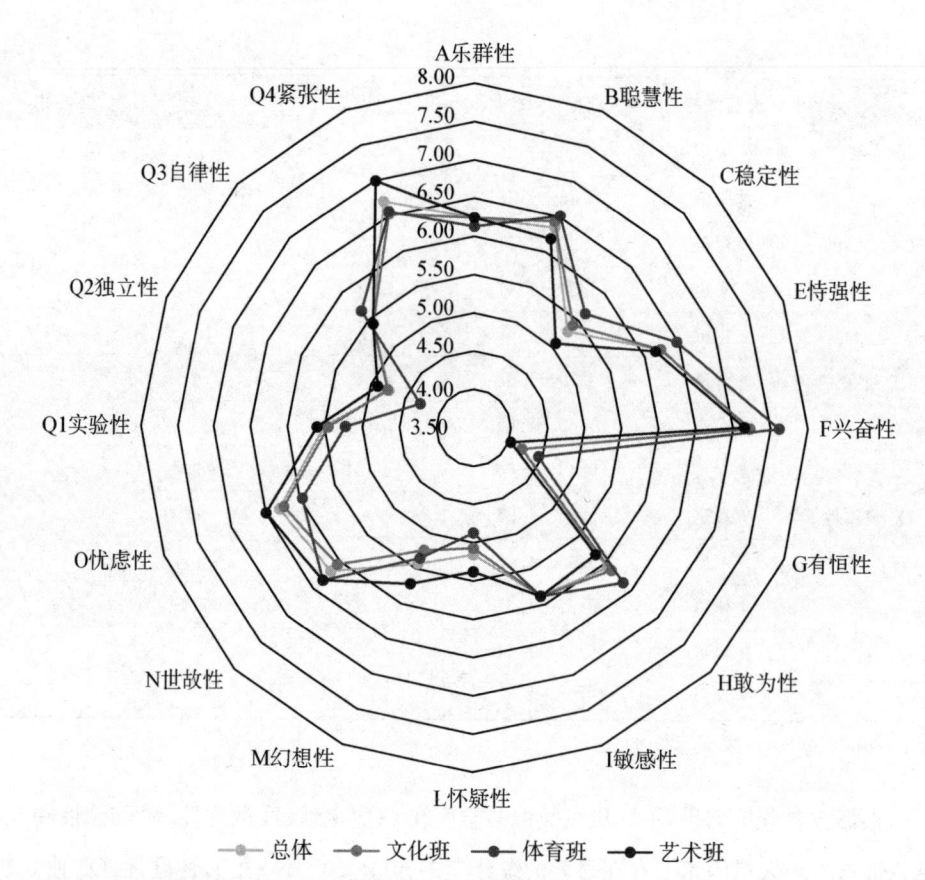

图 3-7 不同班级类型学生的 16 种人格因素均值对比

表 3-12 不同班级类型学生差异显著的人格因素

班级类型	高分因素	低分因素
文化班	/	幻想性、紧张性
体育班	稳定性、兴奋性、敢为性	怀疑性、忧虑性、独立性
艺术班	怀疑性、幻想性、忧虑性、独立性、紧张性	稳定性、兴奋性

文化班学生在幻想性和紧张性 2 个方面得分相对较低。幻想性得分相对较低，意味着在三类班级之中，文化班的学生更加注重实际，脚踏实地，办事力求稳妥，对生活

细节更为重视,能够考虑自己的行为是否合乎社会规范。紧张性得分相对较低,意味着在三类班级之中,文化班的学生更加平静松弛、不颓丧,躯体紧张水平较低,较少对别人感到不耐烦和不满。但有时由于过分满足,反而会懒惰和低效率。

体育班学生在稳定性、兴奋性和敢为性3个方面得分相对较高,在怀疑性、忧虑性、独立性3个方面得分相对较低。稳定性得分相对较高,意味着在三类班级之中,体育班的学生在情绪方面更加成熟稳定,能够采取现实态度应对生活问题,对生活感到满意,能够从烦恼中迅速恢复。但有时难以与他人共情,对不能解决的情绪问题会采取逃避的方法。兴奋性得分相对较高,意味着在三类班级之中,体育班的学生更加活跃、热心、健谈、坦白,他们更喜欢社交,更爱引人注意,更富有活力。但可能也更加冲动,更容易反应过激。敢为性得分相对较高,意味着在三类班级之中,体育班的学生在社交中更加轻松自如,更擅长发展新关系,更喜欢追求冒险和刺激。怀疑性得分相对较低,意味着在三类班级之中,体育班的学生安全感更强,嫉妒心更低,更能信任他人也更容易相处,与他人合作更为顺利,能接受他人的意见。但同时因为轻信而上当受骗的可能性也相对更高。忧虑性得分相对较低,意味着在三类班级之中,体育班的学生更加自信、沉着,更能承受刺激和压力,保持乐观悠然,因此更加自足快乐、少烦恼。独立性得分相对较低,意味着在三类班级之中,体育班的学生与周围群体的融合度更高,他们更加亲和,更喜欢参加集体活动,与他人一起解决问题。但个人决断可能相对缺乏,更需要周围人的鼓励与支持。

艺术班学生在怀疑性、幻想性、忧虑性、独立性、紧张性5个方面得分相对较高,在稳定性和兴奋性2个方面得分相对较低。怀疑性得分相对较高,意味着在三类班级之中,艺术班的学生戒备心更强,难以信任他人或与他人合作,更习惯责备外界环境、怨恨生活不公,也更加计较他人的错误。但同时,他们不会容易受到欺骗。幻想性得分相对较高,意味着在三类班级之中,艺术班的学生创造性与整合能力更强,想象力更加丰富,他们更加关注内在思维而非外在实际事件,更加遵从自己的动机和兴趣,自得其乐,自我陶醉,但这也导致他们爱做白日梦,时间感较弱。忧虑性得分相对较高,意味着在三类班级之中,艺术班的学生自我批判或内疚的程度更高,对他人的行为更为敏感,对自己更加挑剔批评,更容易感到沮丧、怀疑自己、自寻烦恼。独立性得分相对较高,意味着在三类班级之中,艺术班的学生更加自立、自恃、当机立断、我行我素,更倾向于独立做计划、独立解决问题和做出自己的决定,能够长时间独处,不喜欢依赖他人,也无意支配或控制别人。紧张性得分相对较高,意味着在三类班级之中,艺术班的学生更容易感到不满和厌恶,更经常产生挫败感,缺乏耐心且容易心神不安,更经常感到疲劳和焦虑。稳定性得分相对较低,意味着在三类班级之中,艺术班的学生更容易产生情绪波动,更容易因为小事而感到烦躁,对变化反应强烈,对挫折的耐受性较差,对生活的调整适应不良。兴奋性得分相对较低,意味着在三类班级之中,艺术班的学生更为克制、沉默、严肃、谨慎、认真,更喜欢独处、内省,由于情绪表露相对较少,因此有时会显得郁郁寡欢。

总的来说,这项研究的主要发现包括:

一是个人日常运动在总体上对学生人格发展具有正向作用。具体而言,个人日常运动有助于提升学生的稳定性、兴奋性、有恒性和敢为性,同时降低学生的怀疑性、忧虑性、独立性和紧张性。

二是学校体育活动通过影响学生的健康状况,对学生的学业表现产生正向作用。在这一作用路径中,学校体育活动是学生学业表现的第一重要影响因素,健康因素则是学生学业表现的第二重要影响因素。

三是学生认同体育促进人格发展和学习状态的作用,而且大部分学生对体育活动的感知有用性评价较为一致。相比之下,学生对体育促进人格发展的认同程度,高于对体育促进学习状态的认同程度。

尽管这项小研究是请校外专家来进行的,但对亭林中学的师生科学认识体育教育、"以体育人"都有非常大的促动。最为重要的是,我们对数据和基于数据的教育有了新的认识。换言之,推进体育特色学校办学的科学性和实效性,需要更多基于证据的管理决策和教学改革。

第 **4** 章

"闲聊即学习":基于 U-S 合作的教师发展

- "老师是学校的宝贵财富,他们对学校的感情、感受,对工作的感触、感悟需要被'聆听'、被'听见',所以,我们就搞一个'倾听咖啡'时间,每周排出时间和老师们聊聊天。聊天就是很好的学习。"
- "向课堂要效益,就是为学生、为老师减负。"
- "研讨教学这点事,是为了做更好的课堂。'双新'的要求,就是要求育人方式的改变,课堂教学是主阵地,或者说我们从课堂教学行为的改进做起。"

我经常和老师、家长、学生们讲，多和"聪明人"聊聊天，自己也会变"聪明"。这里的"聪明"不是说一个人智商有多高，而是指一个人的视野、思维品质、做事的方法等等，用现在流行的说法就是综合素质和核心素养得到了提升。这种提升往往不是各种结构化的"课程"所能做到的。这也是为什么顶尖大学一般都有访问学者项目，并且不要求这些顶尖学者到访期间"上课"，而主要是开放办公时间让师生能有机会与这些顶尖学者"交流""闲聊"。为什么国内外的顶尖大学都有类似的项目？这背后的逻辑也许就是希望能让这些顶尖学者不仅能在学识、学养上进行引领，而且能在视野、思考的高度上构建一种遥不可及却又近在咫尺的"远方"，这个"远方"便是超越了"有用""无用"的"学习"。很多时候，恰恰是这种看似"无用"的"闲聊"产生了非常深远的影响，只不过这种影响需要在时间之中浸染，才能让其中的色彩、韵味得以展现。

一、跨界：项目化学习的广度探索

2019年，《国务院办公厅关于新时代推进普通高中育人方式改革的指导意见》明确指出：

> 落实立德树人根本任务，发展素质教育，遵循教育规律，围绕凝聚人心、完善人格、开发人力、培育人才、造福人民的工作目标，深化育人关键环节和重点领域

改革，坚决扭转片面应试教育倾向，切实提高育人水平，为学生适应社会生活、接受高等教育和未来职业发展打好基础，努力培养德智体美劳全面发展的社会主义建设者和接班人。

……

强化综合素质培养。改进科学文化教育，培养学生创新思维和实践能力，提升人文素养和科学素养。

……

深化课堂教学改革。按照教学计划循序渐进开展教学，提高课堂教学效率，培养学生学习能力，促进学生系统掌握各学科基础知识、基本技能、基本方法，培养适应终身发展和社会发展需要的正确价值观念、必备品格和关键能力。积极探索基于情境、问题导向的互动式、启发式、探究式、体验式等课堂教学，注重加强课题研究、项目设计、研究性学习等跨学科综合性教学，认真开展验证性实验和探究性实验教学。

项目化学习(Project-Based Learning)一词最早由美国著名教育家克伯屈提出。1918年，他在哥伦比亚大学《师范学院学报》上发表了题为"项目(设计)教学法：在教育过程中有目的活动的应用"(The project method: The use of the purposeful act in the educative process)的文章[1]，由此项目化学习引起了教育界的广泛关注。他认为教育是包含了行动因素的，尤其是各式各样充满意义和目的的活动。项目化学习是以项目的方式向学生提出富有挑战性的问题或任务，围绕某个实际问题，学生通过设计问题解决方案、自主决策或合作探究活动，最终以作品的形式展示学习成果。它是一种基于认知学习理论和建构主义理论的学习模式，其自身的优势对学生核心素养的培育具有重要作用。

---

[1] Kilpatrick William Heard. The project method: The use of the purposeful act in the educative process [J]. Teachers College Record, 1918, 19(4): 319-335.

项目化学习模式体现了全新的课程理念：在教学目标上，主张克服课程过于注重知识传授的倾向，强调形成主动积极的学习态度，强调要重点培养学生的创新精神和实践能力；在教学过程中，注重师生间的互动交流，关注平等和谐的师生关系；在学习方式上，强调改变课程教学过于注重被动学习、机械记忆及机械训练的现状，鼓励学生主动积极参与、乐于活动探究、勤于动手操作，培养学生的信息素养、知识建构的能力、分析与解决问题的能力以及沟通交流的能力；在评价方式上，重视利于学生全面发展评价体系的创建。

随着国家课程改革的不断深入，研究发现在项目化学习模式下，学习者的主体性与自主性、学习内容的真实性和实用性、学习形式的合作性和多样性、研究方法的实证性和开放性、学习过程的问题性和建设性等方面，与我国以核心素养为主题的新一轮课程改革不谋而合。

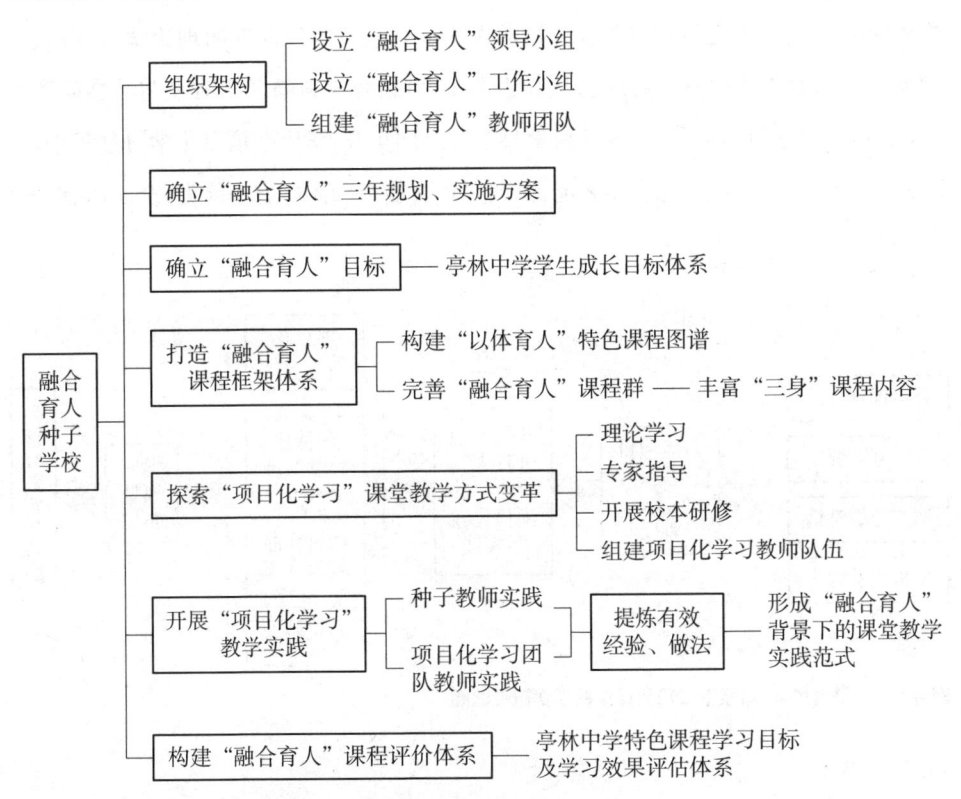

图 4-1 "融合育人"背景下项目化课堂教学变革实施策略图

在全面实施"双新"的背景下,为进一步提高学校教育教学质量,提升学生综合素养,促进学生德智体美劳全面发展,落实立德树人根本任务,需要教师不断学习并更新教育教学理念,以适应新时代育人目标达成对教师能力素养的要求。

在此背景之下,结合亭林中学的师资情况,我们研究制定项目化教学能力提升的校本研修方案,邀请高校专家教授为我们开展"双新"背景下教师项目化教学能力提升的培训。我们邀请华东师大教授为全体教师开展有关项目化学习的理论知识讲座,并指导教师进行项目化教学的课例实践,形成一套适合我校学生学情的项目化教学范式,提升教师整体素养和能力。

依据亭林中学"双新"背景下教师项目化教学能力提升系列校本研修方案,对全体教师开展项目化教学的系列培训,通过培训促使全校教师了解项目化学习教学策略的国内外前沿,进一步更新并转变教育教学理念及思想。经过前期的理论学习,各教研(学科)组、教师以项目化学习理念与方法为抓手,结合学科教学重难点与社会问题设计学生项目化学习活动方案,开展跨学科融合课例实践,学生在项目化学习过程中,充分发挥自主性,持续提升综合实践能力、问题解决能力和团队合作能力,全面而有个性地发展。

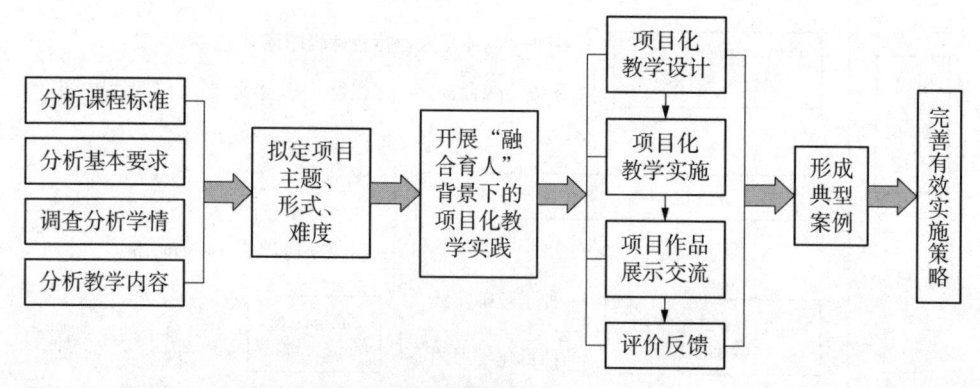

图4-2 "融合育人"背景下项目化课堂教学实施策略图

表4-1 项目化学习教师校本培训课程

章节	形式	课时	内容
第一章			项目化学习与学科融合教学:概论
	专题讲座	2	项目化学习:概念、理论与实践
第二章			项目化学习与学科融合教学:任务拆解
	专题讲座	2	项目化学习之任务拆解
	小组研讨交流	1	项目化学习活动方案设计
第三章			项目化学习与学科融合教学:问题设计
	专题讲座	2	项目化学习之问题设计
	课例分享	1	全球化——英语与地理跨学科融合案例
	小组研讨交流	1	跨学科融合教学问题设计
第四章			项目化学习与学科融合教学:问题设计
	专题讲座	2	项目化学习之作业设计
	案例分享	1	《乡土中国》整本书阅读
	小组研讨交流	1	跨学科融合教学作业设计
第五章			项目化学习与学科融合教学:沟通、共识与领导
	专题讲座	2	项目化学习:沟通、共识与领导
	课例分享	1	以体育与健康学科为例
	小组研讨交流	1	高效能沟通
第六章	总结交流		项目化学习课程总结
	总结反馈	1	主讲教师反馈总结
	优秀学员交流	1	优秀学员交流心得体会
	培训作业	1	学员完成相关培训作业

以项目化学习为抓手,学校也在多个层面取得了丰富的成效。

(一)拓展多元发展平台,教师专业素养提升显著

我校作为金山区融合育人种子学校,共有一位种子校长,四位种子教师。在学校原有的教师队伍培养模式之下,依托"融合育人"项目,我们搭建了教师发展的新平台,

促进教师多元发展以及专业素养的提升。项目启动之初,四位种子教师以团队形式开展融合育人的实践探究。为进一步推动"融合育人"项目的实施,在种子校长的引领下,2021年6月,四位种子教师与青年教师们组成了四支"1+X"的跨学科团队,围绕各自的项目主题开展融合育人实践活动。

表4-2 "1+X"跨学科项目化学习教师团队项目列表

项目主题
"融合育人"视域下语文学科功能多样化开发的研究
"旅游"主题视角下英语与地理跨学科融合育人教学实践研究
探究高中以"体"育人健美操专项化教学的融合育人策略研究
融合育人视野下的高中生涯探索课的实践探究——以高一年级为例

2021年9月,在四支"1+X"跨学科团队的基础上,依托学校青年教师读书会等,组建学校项目化学习团队,开展了一系列项目化学习工作坊活动,尝试着进行"项目化学习与学科融合教学"跨学科的项目化教学设计。在此过程中,青年教师们积极参与,并对项目化式的教学有了更深入的理解。亭林中学借助"融合育人"项目,推动教师开展项目化学习活动,加强对各学科新教材使用的研究。

2022年9月,亭林中学开展"双新"背景下教师项目化教学能力提升的培训,指导教师进行项目化教学的课例实践。至此,项目化学习的辐射从种子教师、种子团队、项目化学习团队一直延伸覆盖到全体教师。依托融合育人种子学校的项目,全体教师的专业发展拥有了更广阔、多元的平台。

表4-3 亭林中学项目化学习教师团队发展阶段

阶段	时间	团队成员	教师数量
第一阶段	2020年9月	种子校长、种子教师	5人
第二阶段	2021年6月	1+X跨学科项目团队	4+12人
第三阶段	2021年9月	项目化学习工作坊团队	30人
第四阶段	2022年9月	项目化教学能力提升团队	94人

（二）龙头课题驱动引领，形成"融合"实施纲要

作为金山区融合育人种子学校，在学校的龙头课题《种子学校融合育人实践研究——以项目化学习驱动为例》引领下，依托学校青年教师读书会、融合育人种子教师等，学校组建项目化学习团队，开展"项目化学习与学科融合教学"的指导活动。在全面实施"双新"背景下，学校不断推进"五育融合"课堂教学及育人方式变革，聚焦大单元、大任务、在真实问题情境中的教学设计，使项目化学习成为教师"想得起、用得上"的教学方法和教育理念，同时，使学生在项目化学习中充分发挥自主性，持续提升综合实践能力、问题解决能力和团队合作能力，注重学生全面而有个性的发展。

在五育并举、融合育人的时代要求下，探索高中各学科融合教学的可行方案，编写学科融合纲要与指导手册，以项目化学习为抓手，探究体育与其他学科的内在联系，丰富以增长体育知识、融入体育修身、浸润核心素养为目标的体育与科学、体育与人文、体育与艺术课程。在科研引领下，在融合育人实践中，不断促进教师的专业发展。

（三）丰富项目设计方案，项目化教学有序落实

在全面实施"双新"的背景下，为进一步提高学校教育教学质量，提升学生综合素养，促进学生德智体美劳全面发展，落实立德树人根本任务，需要教师不断学习并更新教育教学理念，以适应新时代育人目标达成对教师能力素养的要求。研究发现，项目化学习有助于学生综合能力的培养，有效落实对学生核心素养的培育，符合新时代育人目标的要求。2022学年，亭林中学开展"双新"背景下教师项目化教学能力提升的校本研修课程，邀请华东师大专家教授为全体教师开展有关项目化学习的理论知识讲座，并指导教师进行项目化教学的课例实践，形成一套适合学生学情的项目化教学范式，提升教师整体素养和能力。

在"双减"和"双新"的大背景下，聚焦大单元、大任务、在真实问题情境中的教学设

计，通过拓宽综合实践活动渠道，以项目化学习为教学理念与方法抓手，结合学科教学的重点难点与社会问题开展跨学科、研究性学习，使教师主动进行"双新"背景下教育教学观念变革，自觉在学科融合教学中运用项目化学习策略；探索"以体育人"的多重路径，通过体育与历史、时政、生涯教育等内容融合，探索立德树人新路径，促进学生树立正确人生理想，形成健全人格。通过一系列专家的指导，我校的校本研修质量得以不断提升。教师们通过各自项目化活动方案的设计、实施等过程，使"项目化学习"从最初的理论学习到教师理念的转变再到行动实践，一步一步推动着"融合育人"的实施落地。

表4-4 亭林中学教师项目化活动设计方案汇总表

类别	项目化活动方案名称
学科类	"科学与技术"项目化学习活动设计
	搭建小型图书信息管理系统项目式教学设计
	服务业区位选择的社会调查
	人类遗传病的预防
	亭中图书馆购置新书方案
	原地侧向推铅球项目化教学设计方案
	真核细胞结构模型制作
	中国古典诗歌发展
跨学科	体育与物理项目化学习活动设计
	植物"杀手"的逆袭项目化学习设计
活动类	电商购物节优惠策略
	高中生耐力跑与肺活量大小的跟踪研究
	国学社："我是百万填词人"项目化活动设计方案
	健美社项目式教学设计
	理论与实践的融合性攀岩
	模拟招聘与职业规划
	配音初体验

续表

类别	项目化活动方案名称
	青春文学与流行文化研究
	如何通过体育活动改善高中生心理健康
	艺术生的教育选择与文化逻辑
	运动饮料对体育运动的影响

2021年,我的"基于'五育融合'的'以体育人'特色课程建设"成果获金山区融合育人阶段成果一等奖、丁志东老师的成果"以'体'育人,感化心声"获三等奖。2022年,我的课程建设案例"一育促诸育——上海体育大学附属金山亭林中学融合育人实践探索"、冯艳君老师的教学设计案例"PBL模式助推高中地理五育融合的思考与实践——以'区域开发——资源开发与利用'为例",获第三届全国"五育融合"研究论坛优秀案例。

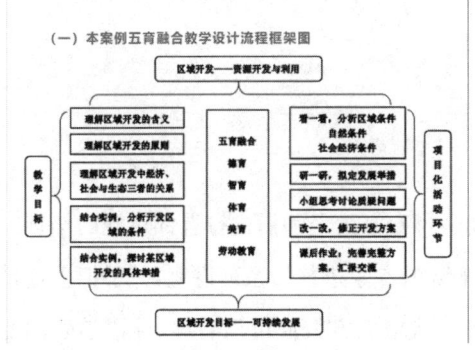

图4-3 "PBL模式助推高中地理五育融合的思考与实践"案例节选

(四) 有效践行"融合育人",学生素养全面提升

"五育并举,融合育人"背景下,在项目化课堂教学变革的实施与开展的过程中,亭中学生的学习生活不断丰富,学生通过项目化学习活动,以及校内外各类实践活动的参与体验,在不断落实核心素养培育的同时,收获了丰硕的成果。这个过程不仅丰富了他们的学习体验及实践经历,同时也不断挖掘他们的创新潜质,提升学生的综合素养,促进学生全面发展。"融合育人"实施三年以来,我校学生累计获市、区级奖项40多项。在"融合育人"背景下,随着项目化学习的实施,亭林中学的课程体系不断完善,项目化学习团队教师在此过程中得到了进一步成长与锻炼,学生的素养得以不断提升。

新时代背景下,国家对于人才的培养提出了诸多新的要求,对于教师的要求也越来越高。无论是学校、管理者还是教师个人,都应把握时代形势,加强政策及理论学习,用新时代下的育人理念和教育教学新方式不断完善、提升自我。依托各类项目驱动,不断强化校本研修,发挥各类资源优势,强化教师队伍建设,助推教师专业及整体素养的提升与发展,为更好地培养德智体美劳全面发展的社会主义建设者和接班人而努力奋斗!

二、碰撞:课例设计中的不断尝试

在与大学合作的过程中,我们也请到学科专家为老师们进行有针对性的培训。例如,英语学科,我们邀请了华东师大外语学院的专家进校做系列讲座,并手把手地带着我们的老师进行教材研读、课例打磨等等。从培训方案便可以看出,外语学院的专家们也非常强调"项目学习"的重要作用。

亭林中学英语课程改革研究教师培训方案

培训目标

通过专项训练，教师掌握上海市双新教学改革的思想，能够把核心素养的理念贯彻到课程中，在使用新教材的教学活动中开展教书育人的教育工作。具体目标如下：

1. 理解新教材的组织结构和使用方法，学会合理正确的备课方法，高效地组织和准备教学。

2. 理解新教材在课堂教学中的教学特点，学会如何讲解课文，如何在课文学习的过程中，利用课文语境开展语言知识的教学，如词汇、语音、句型和语用在语境中的使用特点。

3. 理解新教材的深度阅读和"微型项目学习（TBLT）"的组织方式，能够根据学生的情况开展和组织活动，学会恰当的组织形式、反馈方式和语言聚焦技巧。

4. 理解语法教学的特点，掌握"概念、尝试、交际"三合一的教学手段，能够灵活变通地组织各类语法教学活动。

5. 理解新教材的听说活动的教学特点，掌握"拔出萝卜带出泥"的教学手段，在听说训练方面形成有特色的教学形式。

6. 理解新教材的写作训练特点，掌握如何促进薄弱学生写作动机和学习的手段。

7. 理解视频教学的特点，掌握视频教学"二轻二重"的教学技巧。

课程设计

板块/时间	教学内容描写	备注
第一周	完成目标1，理解新教材的基本结构和组织方式，掌握高效备课和组织教学的方法。具体内容：教师能够分析教学单元，按单元特征备课，制作课件，写出简明扼要的教案，准备恰当的教学工具或实物。	集体备课，完成必修一和必修二共八个单元的教学准备工作。
第二周	讲解课文技能训练：如何处理好以学生为中心和以教师为中心的讲课模式，如何创设语言聚焦的语境，如何在语境中实施语言知识教学，把课文讲解和语言知识教学相融合。	每位教师能够将自己备课单元内的语言聚焦点找出来，集体备课时分享。

续表

板块/时间	教学内容描写	备注
第三周	深度阅读和"微型项目"教学技巧,学习教学指令的发布、小组合作学习的组织和实施方法,反馈和支持的实施方法。	单独指导,然后以教研室公开课的方式互相观摩和交流教学技巧。
第四周	语法课教学技巧训练,掌握"概念—尝试—交际"的语法教学三合一手段,能够灵活变通地运用这些手段开展教学。	单独指导,然后以教研室公开课的方式互相观摩和交流教学技巧。
第五周	听说课"拔出萝卜带出泥"的教学技巧训练,掌握引导学生聚焦和学习语言知识的技巧。	单独指导,然后以教研室公开课的方式互相观摩和交流教学技巧。
第六周	写作课动机激发式教学手段,掌握开放式写作教学的技巧,掌握写作教学中动机激发的技能。	单独指导,然后以教研室公开课的方式互相观摩和交流教学技巧。
第七周	视频课的教学手段,掌握"二轻二重"的教学技巧,能够合理开展视频教学,挑战学生的学习难度。	单独指导,然后以教研室公开课的方式互相观摩和交流教学技巧。
第八周	教学总结,教师总结学习经验和体会,分享教学成果,促进学习共同体的发展。	教研室研讨。
第九周	对未来教学改革的设计和补充。	教研室研讨。
第十周	总结,开展区以上的公开课活动,展示教学成果	教研室集体活动。

与外语学科以教材为抓手的教研略有不同,在"融合育人"背景下,我们还鼓励所有老师根据学科、年级、学情特点,尝试把项目式教学的理念策略融入工作之中。

相对美术班来说,体育班学生性格更开朗。体现在三个方面:师生关系更加和谐,课堂气氛更加活跃,课后反馈更加及时。学生对学习的投入度和抗压能力更强,思辨能力比美术生更好。……有的时候让体育生去观察一个数学结构特征,可能相对来说更快一点,更加简洁一点,对运算求解更倾向于愿意去化解运算。体育训练会激发学生的思维,参加比赛视野更广,敢于表达。拼搏精神表现很明显,你说了我也要说,课堂上更敢于表达。

——吴老师

在教育教学工作中,我们进一步明确育人目标,挖掘各学科的核心素养内涵,结合学校现有的微型课、社团课、研究性学习、创新素养培育基地活动等选修课程,不断优化课程设置,完善项目化学习的策略。结合当下的教育热点,开发建设其他方面的项目化学习资源,进一步丰富我校项目化学习特色课程群。鼓励更多教师设计开发具有操作性、实践性的项目化学习活动,提升项目化教学的课堂品质,进一步推动项目化学习实践落地,有效促进五育融合,培养学生全面发展。

对于一线教师来说,课例是日常工作的重要组成部分,也是激发思考、思维碰撞的抓手。因此,我们将课例头脑风暴进行了制度化、常态化。一方面,加强学科组内的集体备课、集体教研;另一方面,学科组、备课组打磨好的课例通过公开课展示周、课堂节等活动向全校师生展示汇报,并邀请校外专家进行指导点评。

例如,小张老师设计的"突破边界"一例,经过几轮打磨,从最初的传统语文课到一定程度上融入了融合育人理念的语文课,在教学设计上是难得的突破和尝试。尽管语文课到底要怎么上、怎么改、要不要改,在一线教师、教研员群体中仍有诸多争议,但是,教学改革就像是尝试新的食物,不尝尝怎么知道好不好吃、是不是适合自己?

"突破边界:钟扬与苏炳添的极限人生"教学设计

【学情分析】

学习认知方面,学生已经学习过《喜看稻菽千重浪》和《心有一团火,温暖众人心》,了解人物通讯的文体特征,并学习了通过典型事件和真实细节表现人物品质的人物通讯写法,这是学生的认知起点。学习方式方面,高一(3)班学生思维活跃,课上发言积极，适合开展课堂讨论活动，这也符合"双新"背景下以任务为导向的教学要求。情感态度方面，高一(3)班为体育班，与本课所选择的课外文本中的苏炳添这类体坛人物有共同经验，更容易激发学习兴趣，产生情感共鸣，学生也更能够理解人物的精神品质和时代价值。

【文本分析】

选取统编教材高一必修上册第二单元第4课中的《"探界者"钟扬》和课外文本《苏炳添：9秒99以及中国速度的可能性》。第二单元隶属于必修课程"实用性阅读与交流"任务群，本课选取的两篇文本均为人物通讯。人物通讯是以新闻人物为报道对象，通过新闻人物的行动反映时代特点和社会面貌的一种通讯形式。换言之，人物通讯书写的不只是人物，还有时代精神，要能够正确引导舆论，培育社会共识，起到激励和鼓舞作用。因此，教学时要注意以下几点：一是鼓励学生归纳和总结优秀人物通讯的必备要素，从具象到抽象，推进语文核心素养所强调的"思维发展和提升"；二是引导学生通过写作锻炼和提升日常社会生活需要的口头与书面的表达交流能力；三是促成学生在关于苏炳添的学习活动中感受体育精神，获得精神感召，并践行于日常体育训练中；四是引导学生在阅读中挖掘人物的精神共性和个性，把握人物精神品质的现实意义，并推人及己，明确青年一代的责任担当。

【单元学习目标】

1. 梳理人物通讯中的具体事件，学习以典型事件和真实细节表现人物品质的写法。

2. 体会新闻评论现实针对性、舆论导向性的文体特征。

3. 赏析人物通讯和新闻评论的语言特色。

4. 梳理新闻评论的写作思路，学习其联系社会现实提出观点并合理阐述的写法。

5. 鉴赏表现劳动生活的古代诗歌，体会劳动之美。

6. 辨析和把握新闻的报道立场，提升媒介素养。

【本课学习目标】

1. 通过写作练习和语篇比较阅读分析，总结归纳人物通讯的必备要素。

2. 理解两位"探界"人物的精神品质，及其精神品质对现代社会的价值意义。

重点：通过写作练习和语篇比较阅读分析，总结归纳优秀人物通讯的必备要素。

难点：理解两位"探界"人物的精神品质，及其精神品质对现代社会的价值意义。

【课前学习活动】（见附页课前学习活动）

人物典型事例和细节刻画写作练习。

设计意图：学习活动通过写作练习，锻炼学生的语言表达运用能力。

【教学过程】

➢ **导入**

上节课内容回顾，引出关键词"人物"。

➢ **环节一**

学生习作评选分析。明确人物通讯两个要素：典型事例和细节刻画。

设计意图：帮助学生回顾旧知，建立本课逻辑起点。

➢ **环节二**

提出问题并组织小组讨论：人物通讯还具备哪些要素？

预设：精准标题、朴实语言、主题价值。（根据学生所答做调整）

设计意图：此环节为本节课的主要环节，小组讨论发挥学生主体性，学生总结和教师反馈相结合，共同完成教学目标，实现多育融合的教学设计意图。

➢ **结论**

本课通过人物形象写作练习和两篇优秀人物通讯阅读分析，总结和归纳了优秀人物通讯所具备的要素：典型事例、真实细节、精准标题、朴实语言、主题价值。

➢ **拓展环节**

抓住人物通讯的一个要素，完成习作修改。

➢ **作业布置**

1. 校本练习册第16—18页【课文理解】1—8题。

2. 抓住人物通讯1—2个要素，完成习作修改。

设计意图：作业1检验学生学习效果；作业2鼓励学生运用人物通讯相关知识，写作通讯稿以锻炼语言表达运用能力，同时感受身边同学的精神品质。

> **附:【课前学习活动】练笔**

第二单元第4课三篇人物通讯,有袁隆平、钟扬两位时代楷模,也有张秉贵这位平凡人物。三篇通讯都抓住发生的典型事例和真实感人的细节来表现人物形象和精神品质。(学习提示见课本第56页)

我们身边可能没有"楷模"和"新闻人物",但一定有可爱美好的人。近期大家参加了校、区级各项运动会,请大家挑选心目中的优秀运动员,将他的故事说给我们听。

要求:(1)选取在他身上发生的一两件典型事例;(2)注意真实感人的细节描写;(3)300—600字。

张老师提供了语文课的另一种架构思路,在语文的学科味道与超学科的素养育人要求之间找到了基于自己理解的平衡与取舍。无论这种尝试是否"正确",或者是否"好的",都是值得鼓励的。这是因为,只有敢于尝试才有可能突破固化的思维,也才有可能在日复一日的教书育人中有所创新。像语文这样的把融合育人思想、理念嵌入日常教学中的例子还有很多,尤其值得一提的是,经过几年的培训、打磨,亭中涌现出一批优秀课例、教学案例。这些都是思维碰撞的成果。

表4-5 亭林中学教师融合育人课堂教学案例汇总表(部分)

序号	案例名称
1	"融合育人"视域下语文课程内容育人功能多样化开发——以《包身工》学习活动为例
2	"双减"背景下五育融合的教学设计——以高中政治《价值的创造和实现》一课为例
3	"双新"背景下五育融合的高中数学教学实践
4	"双新"背景下以体育德融合育人排球专项教学探索与实践
5	"五育融合"理念指导下的高中英语教学实践研究
6	高中语文课堂教学中"五育融合"实践探索——以《"探界者"钟扬》为例

续表

序号	案例名称
7	画好全面发展"同心圆"——高中化学在"融合育人"中的探索
8	基于"双新"背景下,以"体"育人的课堂渗透探索
9	历史教学中德智体三育融合初探——以体育元素为载体
10	立足教材　创设活动　落实育人
11	"融合育人"视野下的高中生物学课堂教学案例
12	彰显体育特色　体现融合育人

小王老师也是融合育人项目的种子教师,执教的学科主要是心理与生涯规划。虽然这不是传统意义上的"主科",但在当下,心理问题、生涯规划都是非常重要的议题,这项工作如何做、做得如何在许多方面都可能对学生甚至是家校的沟通产生影响。以下是小王老师给高一年级学生开设的活动课"我的小目标"。

"我的小目标"教学设计

【活动背景】

高中生的心理需求层次有所拓展,自我了解和自我提升的渴望强烈,在学习和生活中能够积极探索,追求自身理想。学生也常常会为自己制定学习和生活的目标。课前的调查发现,制定目标是学生常有的行为,但因为对自身的了解不足和经验缺乏,容易出现目标过高、行动较少的状态,目标实现的可能性不高,甚至因此而产生挫败感进而对自身形成片面的评价,导致缺乏自信,行为退缩。在新高考改革的背景下,如何将眼前的学习与理想相结合对学生而言是重要的,有效的目标指导下的学习和成长能给予学生更大的动力,调整学生的精力和时间安排,提升学生的执行力,助力生涯规划的实现。

SMART原则指出有效的目标是具体的(Specific)、可以衡量的(Measurable)、可以达到的(Attainable)、与其他目标具有一定的相关性(Relevant)、具有明确的截止期限(Time-bound)。这一原则特别适用于相对短期且具体的目标制定，与学生实际需求密切相关。焦点解决取向的生涯辅导"聚焦在问题解决，而非聚焦在问题"，强调"从一小步的改变出发"，着重于"行动"，因此，通过正向的方法论指导，帮助学生学会合理制定目标，提升目标执行的成功可能，能增强学生的效能感，进而助力生涯的发展。

本节课借助心理实验、体育人物故事、活动体验等帮助学生理解制定合理目标的意义和原则，学习根据自己的情况制定合理而有效的小目标，修正并执行，指导实践。

【活动目标】

> 理解制定合理目标的重要性。

> 掌握目标制定的原则，激发兴趣和信心。（重点）

> 练习合理制定目标，激发执行潜能。（难点）

【活动准备】

小组任务单、学生活动单、秒表。

【活动过程】

1. 导入：心理实验

(1) 播放视频，请学生认真观看。

(2) 请学生回答问题：穿白色T恤的女生一共传球多少次？

(3) 再次观看，思考前后差异。

小结：明确的目标能帮助我们有效调动自身的资源，更加有方向，更好地完成任务。

设计意图：激发兴趣，引导学生初步认识制定目标的重要性。

2. 体育故事分享与思考

(1) 体育故事分享：费罗伦斯的跨海故事。

(2) 学生思考：费罗伦斯的失败与她的目标有哪些联系？

(可能的答案：目标模糊、难以完成、难以衡量、缺乏激励……)

小结：目标是否合理直接影响到执行的效果，什么样的目标才是合理的呢？

设计意图：借助体育故事元素，引导学生认识到合理制定目标的重要性，引发学生进一步思考。

3. 活动体验

(1) 分组完成任务清单要求的任务。(每小组任务各不相同)

(2) 活动时间5分钟。

(3) 活动完成后,请小组代表分享小组任务完成情况和成功/失败原因。

教师在学生回答过程中,提取关键词并板书。

(4) 讲述体育人物故事的后续。

小结:归纳SMART原则。

设计意图:通过活动体验帮助学生感受如何制定合理的目标,并归纳总结目标制定的原则。

4. 头脑风暴

(1) 小组讨论:请学生结合所学的SMART原则,帮助老师改进目标。

(2) 学生代表分享。

小结:SMART原则更适用于相对短期的具体目标,难度设置应当合理,并且有一定的数据/直观衡量的指标帮助明确完成情况,同时要与我们其他的目标有一致性。

设计意图:实际运用目标制定的SMART原则,帮助学生进一步澄清和掌握原则的实施关键点。

5. 联系自身:我的小目标

(1) 写下自己一个小目标,按照SMART细化。

(2) 学生分享。

总结全课:不积跬步无以至千里,希望今天的课程能帮助你通过制定目标更好地管理你的学习和生活,最终实现人生理想。

设计意图:理论联系实际,将所学用于实际生活,激发学生的执行潜能。

"课例"也并不局限在基于"课"的"例子"。在我们推进以项目化学习为抓手的教学理念更新过程中,一大批青年教师展现了他们在教学设计上的创造力,并将天马行空的想象力在社团活动"变现",获得了非常好的学生反馈和口碑。"我是百万填词人"便是其中一例。

国学社"我是百万填词人"项目化活动设计方案

1. 活动目标
- 学习鉴赏古典诗词的方法,提升审美鉴赏能力。
- 初步掌握流行歌词的创作规律和技巧,提升诗化语言表达能力。
- 初步了解古风流行音乐的特点,了解古风亚文化圈的生存语境。
- 初步具备搜集、整理资料和组建语料库的能力。
- 初步具备制作简单视频并发布在社交媒体上的能力以及团队协作的能力。
- 传承中华优秀传统文化,树立文化自信。

2. 活动内容

"百万填词"一词源于 B 站一个为"共青团中央"账号发布的翻唱歌曲填词的 up 主 ID。因为此人填词的质量高,从押韵、用词到隐喻都堪称填词界的顶流,被网友戏称是"拿了百万工资的词作家"。up 主"百万填词"走红后,"百万填词"就逐渐演变成弹幕用语,用来赞扬那些如同"百万填词"作品那样质量优异的填词之作,甚至很多 up 主在投稿的时候就以【百万填词】为开头。

国学社"我是百万填词人"活动为了唤醒学生对中华传统文化的温情、尊重和认同,在仿照当前网络盛行的"百万填词"活动的基础上,把填词歌曲的选择范围限定为古风类型。学生自行选择一首自己喜欢的古风歌曲,进行填词创作,内容可以是古代人物小传,也可以歌咏一段传奇故事等等。学生完成填词创作后,进行配乐演唱,录制视频并以【百万填词】为开头上传 B 站。结合学生意愿,用自己的作品竞演学校元旦文艺汇演。

3. 活动设计

3.1 了解活动内容(1 课时)
- "百万填词"是什么?

- "古风圈"知多少？

工具支架：B站视频资源

观看视频后，讨论明确：活动内容的核心是自行选择主题进行歌词创作；歌词创作需要社员具备一定的审美鉴赏能力和歌词创作技巧；古风歌曲的重要元素有古典文学意象和传统文化元素。

3.2　填词前期准备（5课时）

- 如何鉴赏一首词？

以语文必修上册教材中的宋词《声声慢》为例；

以中国风流行音乐歌词《菊花台》为例；

明确：意象—意境—情感；修辞手法；炼字等。

- 流行歌词有哪些创作规律和技巧？

工具支架：视频资源"方文山歌词创作班"。

观看视频后，讨论明确：修辞学应用；歌词画面感与文字情绪；原创性的歌名与歌词；韵脚的选用等。

- 制作填词资料库

社员12人分为两个小组，分别完成韵脚表和古风意象词库资料的搜集和整理。

3.3　填词实战（3课时）

初稿完成后，交由其他社员修改，附上修改理由，学生可自行决定是否采纳修改意见。

3.4　成果展示（2课时）

- 将成品歌词配乐演唱（可找有特长的同学代唱），用音乐录制软件录音后剪辑视频，以【百万填词】为开头上传B站。
- 用自己的作品竞演学校元旦文艺汇演。

工具支架：音乐录制软件"唱吧""全民K歌"等；B站视频剪辑功能。

近几年，老师们不断深入探究项目化学习，申请的相关研究课题先后获得区级一般及以上的立项,并围绕相关课程实践项目化活动。亭中种子教师以及青年教师们结合各自融合育人的实践经验,提炼了一定的成果,参与了区融合育人阶段性成果的评比和融合育人论坛案例的评比等活动。在常规的教师寒暑假征文活动中也以此作为主题,教师们积极投入撰写融合育人相关的案例。

三、融合：思维拓展的深度与锐度

学校本着以人为本、促进教师发展的原则,以教师的终身发展为目标,以教研组活动、备课组活动为抓手,以形式多样的培训为手段,努力打造一支师德高尚、业务精湛、结构合理、符合时代要求适应我校特点的优秀教师队伍。

我们根据不同层次教师的发展需求,搭建了青年读书会、骨干教师研修班、高级教师工作坊三个校级平台。组织开展教龄五年以内的青年教师教学基本功评比、中青年教师评优等活动,锤炼塑造队伍。针对见习教师,学校组织开展"青蓝工程"师徒结对活动,聘请校内优秀学科教师及班主任担任见习教师的指导老师,通过跨校带教、三年学科带教、一年班主任带教等形式,促其快速成长。同时安排亮相课、汇报课等活动,为见习教师搭建展示的舞台。

思维的改变是一个水滴石穿的过程。在过去五年里,青年教师群体展示出极强的自主学习能力,并真正把所学所思融入日常的教学之中。例如,小瞿老师是一位青年体育老师,一直特别专注于以研究精神来做教学。他设计的课题"运动饮料对体育运动的影响"不仅逻辑严谨,而且具有很好的发散性,从学生喜闻乐见的"饮料"口味、口感、制作、品尝出发,引出"饮料"历史的研究、与体育的关系、对体育运动的影响等多学科、跨学科的议题。一位青年教师能有这样的思维广度和深度,不仅仅是个人努力向学的结果,还是我们和大学专家学者深度合作的成效体现。这种合作不是专家"指导"

我们的老师,而是专家与我们的老师共同探索,在定期的"闲聊"中,我们的老师从中体悟与专家思维方式的异同,进而获得个人的成长。

"运动饮料对体育运动的影响"设计方案

一、课程目标

1. 了解运动饮料的定义、人体所需的各项营养物质、运动将消耗的营养素、体育运动的种类等。

2. 探索饮料的口味、口感等因素对体育运动前/后的影响,进一步探究自己制作适合运动前以及运动后饮用的饮料的可行性。

3. 了解项目化学习的基本要求与流程,初步具备自主探究的意愿、方法和能力,体验、了解和加强团队合作能力、跨文化理解能力。

4. 初步具备搜集、分析文献资料和数据的能力,提升批判性思维能力,初步具备使用多种方式呈现项目研究成果的能力。

二、课程内容

通过研究饮料中的各种成分,来探索这些饮料对于体育运动的影响,以及根据有效成分,探究自己调制"运动饮料"的可行性。

三、课程设计

➢ 课时:共需要20课时,历时2学期。

➢ 分组:根据选择的饮料类型,分成若干小组,每组5—10人,小组成员自行确定相关角色分工:组长、查找资料、整合资料、讲解员等。

➢ 试验:根据选择的饮料类型,测试其在运动前和运动后饮用的实际效果和体验。

(一)第一阶段

◇ 任务说明:本阶段任务主要从学生生活经验、日常观察出发,通过查阅资料,将生活体验与数据资料进行整合。

◇ 任务时间:2课时

◇ 成果形式:小组分工合作,形成阶段性报告,以文字形式呈现。

参考任务单:

1. 查找运动饮料的定义,找出一种或多种能够代表其种类的饮料。
2. 查找人体所需的各项营养物质、运动将消耗的营养素和体育运动的种类等。

(二) 第二阶段

◇ 任务说明:本阶段任务重点在归纳总结和分析,一是归纳他人的观点,分析他人是如何使用证据来证明自己的观点的;二是归纳总结小组成员的观点,并给出令人信服的理由或证据。

◇ 任务时间:5课时。

◇ 成果形式:小组分工合作,形成阶段性报告,以文字形式呈现。

参考任务单:

1. 文献资料中认为影响体育运动的营养素有哪些?
2. 从销量上来看,哪些运动饮料比较热门?它们的实际效果怎么样?
3. 研究其有效成分,了解它适合运动前饮用还是运动后饮用。

(三) 第三阶段

◇ 任务说明:本阶段任务重点在归纳总结和分析,一是归纳他人的观点,分析他人是如何使用证据来证明自己的观点的;二是归纳总结小组成员的观点,并给出令人信服的理由或证据。

◇ 任务时间:5课时。

◇ 成果形式:小组分工合作,形成阶段性报告,以文字形式呈现。

参考任务单:

1. 通过实验来验证运动饮料的实际作用。
2. 探索饮料的口味、口感等因素对体育运动前/后的影响。
3. 尝试通过添加相同的营养素,自制运动饮料。

(四) 第四阶段

◇ 任务时间:8课时。

需要完成结题报告以及演示文稿。

四、相关拓展思考题

1. 运动饮料作为存在了近30年的一种饮料类型,它最开始的服务对象是谁?
2. 第一种运动饮料的有效成分相较现在有哪些变化?为什么?
3. 运动饮料适合哪些类型的人群饮用?它会带来哪些好处或坏处?
4. 与纯净水相比,运动饮料中含有人体所需的营养素,你认为为什么人们不选择运动饮料作为日常的饮用水呢?

在这种"闲聊即学习"的理念浸润下,亭林中学教师在各级各类比赛中展示出了良好的风采,累计有5人次获得国家级个人奖项,58人次获得市级个人奖项,152人次获得区级个人奖项。

学校通过将校本培训与师德素养、学科教学、教育科研等方面有机融合,形成一套基于校情的校本培训体系,立足学校师资的实际情况,为教师们创设了德、教、研、训一体化平台,取得了良好的成效。"十三五"期间,除组织教师完成市、区的各类培训外,学校还面向全体教师征集各类培训课程,包括实践体验课程和师德素养课程。学校还确立了教科研年会制度,教科研工作取得了历史性的突破,成果丰硕。教师撰写的八十余篇论文、案例等发表于区级以上各类刊物,四十余篇在区级以上层面获奖。亭林中学获金山区"十二五"学校教育科研先进集体,金山区"十三五"校本研修先进单位等荣誉。

第5章

"氛围组"的温度:"小伙伴"与团队建设

- 我是小伙伴们的"氛围组"组长,最重要的任务是让他们开心。
- "人走茶不凉"是团队精神的内核。团队不仅是一起做事的"同事",更是互相学习、互相影响、共渡难关的"小伙伴"。

第 5 章 "氛围组"的温度:"小伙伴"与团队建设

在亭中,我常说我最重要的作用就是"氛围组"组长。搞好氛围、做好服务,让老师有干劲、让学生喜欢上学校,便是作为校长的最大成功。如何才能搞好氛围?也许可以总结为九个字:见差异、谋共识、聚心力。

"差异"可能是所有团队的底色,也是团队重要的原因。如果团队成员是同质化的,无论是能力水平、思维方式,还是个性特点、工作方式,那么,这样的团队大概率也会很快会遇到创造力的瓶颈。但是,仅仅有"差异"对团队建设来说是远远不够的,让个体的不同在任务驱动的"共事"过程中发挥作用,并形成良性循环,团队才可能有效率地做事、快乐地共事,也才有可能逐渐形成向心力,真正成为可以互相依靠的"小伙伴"。

一、"见差异":"不同"作为底色

在亭中,我们经过几年的探索,形成了一个新的传统,就是每年都会请小伙伴们写一写身边的人、身边的事,从熟悉中寻找陌生,在"身边"发现不同。这种对自己每天面对的同事的刻画,或个体、或群像,无论对于写作者来说,还是对故事的"主人公"来说,都铸就了一个反思、再出发的时刻。

语文组的小邹老师对高三语文组群像的描绘和解读便是一个非常好的例子。

高三语文备课组可以说是一个"有趣"的组合，组里一共七人，组员们的年龄加起来可能是全校各组中最大的。好几位经验丰富的老教师都集中在本组，还有一位初出茅庐却十分优秀的新教师。

　　组里的许哥，也是全校的"哥"。他总是自称为"傻根"，但我们都知道，他比任何人都睿智。他看问题总是一针见血，分析问题有理有据，应对问题淡定自如，我们都从他身上学到了很多。他经常喜欢和组里的吴国云老师一起谈天说地。

　　吴老师看着严肃，实则也是个可爱的人，他常说自己人老眼花，可每次阅卷速度却令人惊叹。组里的肖老师班主任经验丰富，为人热心，最令我敬佩的是她对高三学生的志愿把握总是那么精准到位。记得填志愿那段时间，不管是班主任，还是各班的学生，都来向她寻求帮助，她总是牺牲自己的休息时间为他们耐心讲解分析。对生活保持热爱，对工作认真负责，我觉得这就是一个人最好的状态，而这种态度，是我们孙老师身上所有的。我和刘老师可以说是缘分匪浅。学生时代，刘老师就是我的老师，到了自己也成为了一名教师，刘老师又成为了我的带教师父。她是我职业生涯中十分重要的人。她的严谨治学也在这个组发挥了不可或缺的作用。

　　我们组里，还有一"宝"。段锐老师虽年纪最小，但在教书育人这件事情上是极有天赋的，他对教学有着自己的深刻理解，初出茅庐却成绩斐然。不仅如此，他也乐于助人，吃苦耐劳，是组里随叫随到的"小段"。

　　就是这样一个组合，形成了一个有力的团队，一直在默默地发光发热。

写一写身边人身边事，除了"发现"闪光点外，更为重要的功能是在每位教师的写作成文过程中，促动他/她不断反思："我观察到的是不是真的是我想的这样？""别人写的是我吗？真的是我？"对这些问题的思考、讨论本身便是一个良好的反思过程，而答案往往已经不再重要。

二、"谋共识":"趋近"即是气质

如果说"不同"是个体性的,是团队的底色,那么,团队建设的方向也许就是在保留这些各美其美的底色的同时,还要建构一种"趋近"的气质、气度与气魄。若此,小伙伴们在一起才可能被称为"团队"。这种集体气质的形成不是某一个人、两个人便可以完成的,它一定是基于某种共识的发自内心的行动而产生的。例如,即将退休的老教师表现出来的奉献精神在年轻教师眼中便是最好的榜样。

我想把去年(2022年)网课期间关于顾老师的事重温一下。记得当时网上批改课堂练习时,顾老师说等下,让我滴几滴眼药水。一问才知道顾老师眼睛已经由于长时间盯着电脑发炎了,当时每天需要滴眼药水才能勉强工作。这位在教学一线工作了30多年的老教师不但没有因此减少工作量,反而又和班主任主动要求增加了2节课的晚辅导,加上每天的备课、上课、出作业、做作业、改作业、单独辅导、答疑,忙碌程度可想而知。

资深教师往往具有示范引领作用。他们如何应对日常工作、以怎样的态度来做日常工作,年轻教师们是看在眼中、想在心里的。如果老教师们整日只想着轻闲、早点退休,每天不务正业,那么,很难想象年轻教师会不受影响。反之亦然,如果老教师们仍保持着教育的初心、敬业精神,那么,想让年轻教师"混日子"都难。语文组的陶老师便是这样一位在青年教师眼中的好老师、好同事、好师父。

我常常觉得,陶老师是一个心中有火,眼里有光,脚下有路的人。对待工作她永远有热情、有激情、会思考、有想法,又不驰于空想,不骛于虚声,脚踏实地,用最果决的行动散发能量,感染着身边的人。

　　面临第一次接触新教材就留在高三教学的情况,她不断探索,不断尝试。面对《乡土中国》《红楼梦》繁琐复杂的阅读教学,她总是快我们一步,自己先行研究适用于学生的辅导资料,再配合最新的一模二模试卷上的相关试题,把所有试题规整到一起,找到行动的方向,形成自己的一套教学思路。……这就是我们陶老师身上有的教学热情,侃侃而谈的资本来源于对教学内容的深入研究和自我审视,而我们也会在她的谈论中找到自我的思考和启发。"我们就这样做"的一句随口说中,是满满的智慧。

　　……

　　陶行知先生说,"真教育是心心相印的活动,唯独从心里发出来,才能打动心灵的深处"。陶老师的教学初心何尝不是如此。我们依然希望时常听到陶姐爽朗的笑声,也希望再次听到陶老师的"我发现了……"我们的陶姐,或者是我们的陶老师,一定会继续为我们创造惊喜。

对于团队而言,一旦氛围形成,奉献精神、对教师职业的"道德良心"就会一代一代传递下去。在不同教师的身上,都可以看到这样的奉献、坚守,也同样可以看到基于这些奉献的属于教师职业的快乐、成就感。

　　2020年7月,2021届高三英语备课组六人小团队正式组队成功,现在被人形容:不是在开会,就是在开会的路上。这当然是过奖了。但的确在组长小昕昕的带领下,我们工作上互相合作,学习上互相比拼,生活上互相关心。请走近我们,了解我们繁忙简单的日常。

　　成团后我们就着手复习计划制定工作。8月开始集体备课,是的,没听错哦。我们在网上相聚,制定复习计划。还因为一节课开了好几次线上会议,对每个细节都进行了充分的讨论。放假了,备课组活动提早进行,总是在延续。因为寒暑假我们每周都有英语辅导,我们不断地与学生线上相会。美术班集训时,每周2次不同辅导点分开上课。假期备课组讨论多数还是在线上,开学了多数是在办公室和咖吧,具体多少次真是不记得了。集体备课的火花永无止境,我们对整本高考词汇手册一词多义多性的整理,多次集体分工进行专项复习(找材料,做PPT,写教案),还有各种各样的尝试,希望对学生有帮助。备课组集体听课,如视频课、作文课、语法专题课、翻译专题课等等,酸甜苦辣只有经历过的我们体会着、受益着。

共识不是一天达成的,团队也不可能一蹴而就。用小杨老师的话说,"成团"需要工作上的互相合作、学习上的互相比拼、生活上的互相关心。

三、"聚心力":雕琢时间的质感

曾经有一句很流行的话叫"人在一起叫聚会,心在一起叫团队"。这句说得很形象,也能让人马上就对团队的本质有一个直观的想象。但是,作为校长或者团队负责人,如何让大家的心聚在一起?如何让全校师生不只是人在一起?如果"氛围组"的重要作用是带动气氛,那么,如何让这种气氛成为常态?如何让每个人都自觉成为氛围组中的一员而不是观众?

2013年,我们组建了亭林中学青年读书会(简称"青读会")。由教龄在0—5年的教师们组成,以促进青年教师迅速成长、提升教育教学水平、指引个人职业发展为主旨。亭中青读会每年的人数虽有变动,但总人数一直保持在27名左右,占我校总教师人数的35%左右。27名读书会成员中,其中区骨干教师3人(2名是党员);区一级教师 8 人，占比 30%；且 27 人当中，担任班主任的共有 13 人（青年党员 5 人），占 48%。

经过近十年的发展，青读会已经逐渐成长为一支有激情、有凝聚力、有责任感、有工作热情的教师队伍，在亭林中学的工作中充当积极践行者、态度上进者的角色。青读会除了读书交流以外，还发挥学校特色创建、学生社团建设的排头兵的作用。

不仅如此，这些青年教师每人都有一位教龄七年以上的"师父"，在传帮带中引领青年教师认识亭中、融入亭中，成为亭中的一分子。在这个归属感构建的过程中，用青年教师小陶的话说，就是"亭中的本帮菜们"起到了至关重要的作用。

在亭中校园中，活跃着一群头发花白、为亭中奉献了大半辈子的 60、70 年代本地老教师。我亲切地称他们为"亭中 60、70 本帮菜"。

每周三的亭中操场上都会响彻一个中气十足的女高音："高一(3)班，你们班的口号给我喊响点！""高二(6)班，你们班的队伍给我跑整齐点！"……"你们给我——"就是她标志性的语言，她就是我们本帮菜的厨师，姚宝琦老师。她工作勤勤恳恳，精益求精；她教学经验丰富，教学手段灵活，效果显著，只要带学生参加比赛，必满载而归；她虽年过五十，对待工作的热情却如年轻人一般，上课的时候格外精神。在学生和年轻体育教师眼中，她是严师，更予以学生们慈母般的关心。如果说教师的人格力量是一种无穷的榜样力量，那么教师的爱心就是成功教育的原动力。难怪她被每届亭中学生亲切地称为"姚妈"。

……

一道菜要出彩，色香味缺一不可，阳光帅气的顾老师大概是这道本帮菜理所当然的色香味的担当了。说起顾老师，可能大家眼前马上出现的是他舞台上妖娆的舞姿、人群中侃侃而谈的自信。和他搭班过的老师，却看到了顾老师的另一面。记得有一年高三，我和顾老师搭班带教高三文科班，二模之后的班研会上，分析到的每个学生情况，几乎都是这个数学要提高 5 分有希望、那个数学要提高 10 分有希望,顾老师语气坚定地表示"行,我会尽力,坚决完成任务"。然后高三数学办公室就多出了几排学生座椅,接下来的每个中午都出现了顾老师穿梭在这几排座椅间、答疑解惑的身影,最后高考的时候真的有几个学生数学成绩提高了好多。

......

有一种魔棒最为神奇,那就是粉笔;有一种平台最为神圣,那就是讲台;有一道风景最为亮丽,那就是教师;有一道菜最为美味,那就是"亭中60、70本帮菜"。

"本帮菜"构建了一种亭中"味道"。这桌"菜"也离不开那些既要教学又在行政事务上默默奉献的老师们,他/她也为这桌"菜"提供了属于自己的风采。

庄红新老师是我校一位资深教师。在人事工作上,庄老师认真负责,自从即时通的邮箱功能停止使用后,庄老师就不厌其烦地将老师们的工资电子清单点对点发到老师的企业微信。为了招到合适、高质量的教师,庄老师总是耐心地跟有意向的求职者反复沟通、协调。

人事工作还涉及职称评定、期末总结和工资结算等大量繁琐的工作,政策性较强,面对老师们的种种疑惑,庄老师总是耐心地给老师们解释政策精神。有一天晚上,我通过企业微信问了庄老师一个关于职称证书的问题,结果庄老师第二天专门来办公室解释:他当天已经联系了负责这方面工作的老师,但还没有回复。下午又专门告知我证书已经找到了,就在学校的人事室。这种认真、细致的工作精神值得我们学习。

——高二年级小成老师

一所学校成为怎样的学校离不开其中的人。我们希望把学校打造成"运动乐园、体育公园、健康学园",这离不开几代亭中人的共同努力。

从"草园"到"学府"

——记忆中的亭中三十年

闲来无事时,总还喜欢在熟悉得不能再熟悉的校园里走走,总会不由自主想起30多年来各式各样的校园场景。曾经栽下的香樟树苗早已成"材",每一个枝丫都陪伴着我的一段记忆。就读于斯,工作于斯,高中到现在,除了大学这一段时间,30年的春夏秋冬都在这校园里度过。

那时的校园,假如在开学初,便是"草园",每每假期结束到处都是杂草。不知是因沾了"林"字的意味还是位置特殊,那时总感觉校园里的草要比其他地方的高而茂密。开学大工程之一,便是集全校的力量清除操场杂草。那时在亭中读书的我(所有普通班中普通而且算是比较顽劣的一员),放学之后的最大乐趣便是:晴天在场地上踢踢球,雨天在教室里下下棋。

……

大学毕业,作为最后一批国家分配的"幸运儿",又一次很幸运地分配到亭林中学任教。起初,只感觉是一份工作,作为教"小三学科"的我,自感低人三分,上好体育课只是最无聊的工作而已。

在亭林中学的历史上,也曾成立过"体育班"。由于当时的社会环境,"体育班"就是差乱班的代名词,体育生就是"难管生"。……经过了我们的努力,学校的支持,家长们的配合,孩子们的拼搏,让所有的人对体育班有了改观。体育生也可以不是"难管生",而是行为规范示范生;体育生也可以不只是"四肢发达",学习成绩也可以是优秀的。更不用说参加各类区、市、国家级的竞技比赛,屡屡获奖。"体育班"也成为校内"学习示范、体育示范、行为规范示范"的三示范班级。

一切都是来之不易,又是那样的水到渠成。学校的重视,让荣誉来得似乎很自然。

或许,是我的努力改变了周围人们对体育班的理解和看法,或许是特定学校发展阶段的眷顾,2017年8月,学校任命我为新一届(2021届)的年级组长兼2021

届体育班班主任之职。说实话,最初我是忐忑的,没有管理经验的我对于如何带好一个年级极其茫然。但是有一点我很清楚,这份压力是与前面体育班的管理成功相关的。学校更希望能把体育班三示范的班级建设模式和经验融入整个年级的建设和发展中去。这作为年级组长工作的主线条,我知道努力总会为成功作铺垫。

……

从"草园"到"学府",年复一年,往昔校园景色只在脑海里存留;日复一日,我在亭中一路走来,也只不过是和每一个亭中人一样地成长蜕变。但是,我相信,一定有一群和我一样或者比我更优秀的亭中人在为亭中创造未来。过去是,现在是,将来也一定是!

在这个意义上,"向心力"不仅是萦绕在校园每个角落的亭中味道,还是那或细腻或粗粝的时间质感。冯老师见证的不只是亭中环境的变化,更是一所学校历时三十载的文化传承与探索。正是这个浸润着亭中文化的探索过程,让亭中的一草一木、一人一事都鲜活起来。不仅如此,也把亭中人的归属感、认同感、亲切感雕琢进了有质感的校史之中。

第**6**章

"抵达各自的远方":生活育人与学生多元发展

"我有一个小小的心愿,我想听到你们的声音,想听到你们的小心思或者你们的需求和建议。

比如,'我想让我们的校园更美丽,我有……建议';

比如,'我希望学校的活动更丰富,我有……建议';

比如,'我希望我们老师以这样的方式……和家长沟通';

比如,'我喜欢的课堂是这样的……';

比如,'我希望我们的班集体是这样的……';

比如,'我想参加这样的……社团课(可以说出你想参加的类别,比如厨艺、园艺、无人机等等)……'

欢迎小朋友直接和校长交流,可以书面,也可以请组长组织聊天会。我们可以相约在研习室。"

第6章 "抵达各自的远方":生活育人与学生多元发展

国际著名的教育学研究者、项目式学习的实践者苏西·博斯和约翰·拉尔默曾在她们的著作中写道:

"在走进学校或教室的几分钟内,你就可以分辨、定义,甚至品味到充盈在这个空间中的文化。这是一个开放的共享空间,还是一个纪律严明的运动场?是安全融洽的,还是咄咄逼人、暗含冲突的?是欢迎各种想法和声音的,还是让你不敢吱声的?大家是在等待指挥和领导,还是在共同目标下自主自治?"[①]

这一段精彩的论述让不同学校的氛围跃然纸上。换言之,学校的氛围亦是"规矩"与"融洽"之间恰到好处的整合。没有"规矩",作为组织的学校运作必然面临无序的挑战,但"规矩"过多、过严,又可能让身处其中的"人"失去了个性化的空间与自主发展的可能性。在这个意义上,如何构建有规矩、有质感的学校公共生活,如何让学生看见他人的同时亦能反思、重构自我,如何让"多元发展"成为身边的故事而不是遥远的目标,这些是我们一直在思考、一直在探索的问题。

---

① [美]苏西·博斯,约翰·拉尔默.项目式教学:为学生创造沉浸式学习体验[M].周华杰,陆颖,唐玥,译.北京:中国人民大学出版社,2020:22.

一、仰望星空：向往的生活便是远方

向往的生活首先是一种有精气神的生活。对以体育为特色建设方向的亭林中学来说，学生的"精气神儿"离不开以"体育""运动"为内核的生活。

高一年级的小潘同学记录了自己的体会与观察：

> 之前我一直认为体育被重视是因为现在青少年的体质太差了。但看到了体育班的时候，我从他们身上第一次体会到了一个抽象的名词——"体育精神"。用"勇攀高峰"这个词来形容体育精神是最贴切的。"勇"这个字代表着有愿望有动力去战胜自然和突破自身的极限，代表着勇气。不爱运动的人其实就是在这个字上缺乏了自信。"攀"是完成挑战自我、探索自然这个过程的动作。"高峰"代表人类对自然、自身、科学和文化的未知。

另一位高一学生姚同学则在他的一篇作文中这样写道：

> 校园有了文化，就有文明的底蕴；校园有了体育，就有生命的热情；校园有了艺术，就有灵动的精神。也就是说校园里不能没有体育运动，它是我们校园里活力的源泉，同时也是我们每个人展示自己的舞台。体育的灵魂在于运动，运动带给我们强健的体魄和美丽的人生。赛场上的输赢不过是一种磨炼，真正重要的是超越自我、征服自我的那种不服输的精神。我们正值年少，只有我们奋发进取、挥洒汗水，才能拥有健康人生。

体育精神固然重要，但"纸上谈兵""空谈体育"无法让学生真正体验到属于自己的成长。因此，"体育精神"要落实在自觉、自主的"运动"之中，才可能让作为学校整体标识的"体育特色"融入学校每个个体的日常生活,这个把学校特色变成个体层面难以识别的"毫无特色"的"日常"的过程,也许就是"以体育人"的精髓所在。例如,高二的小李同学认为:

> 国庆期间,尽管少了平日里每天早晨的大课间体育锻炼,但是在家中的我,也没有停止锻炼。每天早晨,我都会早起,坚持出去晨跑。这个过程中,也不免会觉得有些枯燥乏味,也非常累。刚刚开始两天,跑下来都是满头大汗,小腿酸痛,真想就这么放弃算了。但慢慢地也就逐渐适应每天早起锻炼,也坚持下来了。每天晚上,我也会骑着我的自行车出去锻炼,有远的地方,也有近的地方,沿途的风景也给枯燥乏味的骑行路上增添了几分乐趣。每次锻炼结束之后,都会产生一种成功过后的喜悦,一种自豪感。

三人行,必有不同。学生总会以各种样态呈现出差异,而学校、老师的重要任务便是识别出这种差异,并以恰当的方法、策略来应对这种差异,使学生找到属于自己的"远方",在学校生活之中重新发现和建构自我。下面这个小王老师自述的案例便很好地说明了这一点。

> G同学在开学一个月里就让我伤透了脑筋,让我不得不深入思考我应该如何和他有效沟通,以帮助他改变现状。……我找他聊天,但从不谈学习,只关心他的生活感受、兴趣爱好等,刚开始他不大情愿,后来慢慢就习惯了,能与我说上两三句话(但还是无法深入他内心)。我通过观察,发现G同学有个爱好:打篮球。每天放学后他总是去操场打篮球,我决定抓住并放大他身上的这个闪光点。
> 我拜托学校专门教篮球的体育老师对他进行指导,他欣然接受。后来学校举办篮球比赛,我动员体育老师让他参加,然后叫上全班同学去为他加油助威,这次篮球赛他表现得很棒,这是我第一次看到他脸上流露出灿烂笑容!我不仅利用这

次篮球赛的机会当众表扬了他,并且邀请他在班会课期间分享打篮球的技巧,充分放大他的闪光点,增强其自信心。

与小王老师所讲的案例类似,小冯老师所写的《共建和谐亲子关系,让孩子在爱中成长》从代沟的层面呈现了生活育人在家庭和学校两个空间的样态。

共建和谐亲子关系,让孩子在爱中成长

【案例背景】

俗话说,三年一代沟。正处在青春期的孩子们,往往特别容易与父母产生矛盾。无论是因为年龄差异,生活方式习惯,还是父母对孩子学业上的要求等,都能成为横亘在两代人之间、看似跨不过去的一道"坎"。尤其在此次疫情期间,这漫长而又特殊的"长假",使得父母与孩子们的相处时间不断延长,很多问题也都一一暴露出来,加剧了亲子关系的紧张感。

疫情只是起到了催化作用,父母与子女之间的代沟、矛盾可能原本就存在,如何化解这类问题,是当今许多父母在承担工作压力之余,面临的又一重大考验。是顺其自然,任其自由发展,期待孩子自己慢慢长大,变得懂事、理解父母,最终化解矛盾?还是主动出击,寻求行之有效的方法,积极地面对并解决此类问题?这恐怕也是很多家长悬而未决的一个难题。而从学生心理健康的角度出发,从亲子(家庭)关系的稳定和谐发展,以及学生整体的长远发展考虑,我认为,父母与孩子之间,一旦出现代沟、矛盾之类的问题,应当及时解决,否则小问题变大问题,短期内的矛盾变成长久的矛盾,使得事态越来越严重,最后导致无法解决,甚至遗憾终生。

【案例呈现】

A同学在家,学习状态不好,网课不好好上,作业不能按时完成,成天对着电脑打游戏,家长看到后,经常怒气冲冲,责问他为何不好好学习、做作业,甚至一气之下,将其手机没收,电脑也拆了。而处在青春期、叛逆期的A同学,十分反感父母的

这种责问。面对家长没收手机、拆电脑这样的做法,也是心生抱怨,经常以摔坏家里的东西来表达对父母的不满。久而久之,家长也认为无法与孩子沟通,且总怀疑自己孩子心理健康有问题,"只要跟他谈学习,他就摔东西"。

B同学上网课以来,每天课后作业拖沓,网课期间也时有迟到等问题,经常出现在老师的问题反馈名单里。家长见到此类情况,也常常责怪并质问他为何不能按照老师的要求来完成作业,一气之下,也是将上网课及上传作业需要用到的手机没收!而B同学也觉得十分委屈,认为自己每天都在"认真"做作业,但就是动作很慢,无法及时提交,经常都是延迟提交。面对来自学业的压力,父母的不理解与强要求,加上长期"闷"在家里,也缺少了往日与同学们很好的沟通与交流,B同学渐渐产生了厌学情绪,认为自己可能无法完成高中学业,萌生了想要去中职学校的念头。

【案例分析】

以上两个案例或多或少都反映出了不同家庭,父母与孩子之间的沟通与交流问题。这两个案例中,孩子在学习上面都有些许的不足与缺点,而父母面对他们这样的学习态度,处理方式几乎如出一辙。不问任何原因,永远将责备、责怪放在第一位。一出现问题,立马劈头盖脸责问,然后动不动就是没收手机、拆电脑。而现如今,对于许多高中生而言,手机已然是必需品。特别在疫情期间的网课学习过程中,手机、平板或电脑,三者至少要具备一个。而家长在看到孩子出现任何与学习有关的问题之后,不分青红皂白,第一反应就是认为自己的孩子在玩手机、玩游戏,没有好好学习、上网课。也许事实确实如此,然而这样直接甚至带有一点点暴力色彩的做法,真的就是有效的吗?显然,在上述两个案例中是失败的。家长们的做法非但没有达到教育孩子的目的,甚至起到了反效果。父母在没收手机,以及责怪孩子之后,A同学以同样直接甚是破坏式的、过激的方式来回应家长;而B同学,显然是遭受了来自家长的压力与"打击",产生了十分消极的情绪,认为自己无法顺利完成学业,想要放弃高中的学习。

【反思建议】

懂得理解,倾听声音

由于年龄的客观差异,家长与孩子之间的代沟是客观存在的只是程度不同而已。因此，无论孩子身上发生什么问题，家长都要第一时间了解具体情况，而不是急于指责。要能够理解孩子身上的个性表现，给予一定的时间，多一些耐心去倾听孩子的声音，给孩子营造一种"我们之间可以沟通、交流"的感觉，而不是冷冰冰地直接骂过去。倾听，代表着你愿意花时间去了解自己的孩子，愿意与他进行交流，也能展示出家长对于孩子的尊重。当他体会到了你的尊重，他才能同样以尊重来回应你。如果断然地去责骂孩子，会让孩子认为你没有足够的耐心去与他进行真正的沟通，从而也会使孩子失去对你的信任。长此以往，会让他误以为你根本不在乎他，使得父母与孩子之间的关系逐渐变得冷淡，从而阻碍了后续与孩子们的沟通。

深入了解，理性评价

每个孩子都是与众不同的，每个家庭的情况也都各不相同。自己的孩子自己最了解，或许在孩子成长的过程中，父母们在忙碌的工作中也忽略了一些孩子慢慢长大、变化的细节。但是身为父母，还是需要深入地了解自己的孩子，了解他的性格、兴趣爱好、能力等等，要对自己的孩子有个客观、理性的评价，而不是一味地"望子成龙、望女成凤"，以过高的要求给孩子施压。不同的孩子，能力大小有差异，面对困难、面对压力的承受度也不同。过分地给孩子施压，对孩子的心理也会造成极大的负担，久而久之，学习成绩可能未见进步，反而对心理造成了一定的危害，这样得不偿失。

放低姿态，平等相处

如果想要更好地与孩子沟通，除了要懂得倾听孩子的声音，深入了解自己的孩子之外，沟通的方式与技巧也很重要。家长与孩子之间，天然的身份、辈分不同，但这不等于家长就一定要凌驾于孩子之上，对着孩子颐指气使。家长在与孩子沟通的时候，要适当放低自己的姿态，要懂得示弱，不要太过强势，尤其是对青春期的孩子们，很多事情他们能够自己独立思考，非常有主见，不再是唯父母的话必听的学龄前小朋友。因此，更加需要父母们在与孩子沟通的时候，给孩子一种平等相处，如同朋友的感觉，这样才更有利于沟通的进行。

学习健康，双重关注

父母与孩子之间的沟通矛盾，很多源于孩子学习上的问题。但是孩子在成长

> 过程中,除了学习之外,身体健康也很重要,尤其目前不少学生,在心理健康方面,或多或少地存在一定的问题,因此,更加需要家长们多加关注。缺乏健康的身体或者心理,本身也不利于沟通的开展与进行,家长如果一味地为了追求孩子的学习成绩,而忽略了孩子身体和心理的健康,这对于孩子的长远发展并不利。在学习之前,我们更应该关注孩子的健康问题,只有身心健康,才能有良好的基础去应对学业所带来的各种压力。

"远方"也许并不在"远处","向往的生活"亦不在未来,而是在"当下"。作为老师,能否理解每个学生内心深处的"向往"与"胆怯",能否抓住学生珍惜的"当下"而不是简单描画千篇一律的"未来",可能都决定了,至少是影响着师生之间的关系、日常的互动,并最终映射于学生的在校表现、个人成长。

二、莫逆于心:共同的生活即是诗篇

班级是师生共同生活的重要载体。在某种意义上,有怎样的班级生活就会塑造怎样的集体归属感、认同感。因此,学校原则上要求每个班级要逐渐明确自己的文化定位与班集体建设侧重点,争取做到"一班一品",并能真正让每个学生体验、认同自己班级的文化。

以亭林腰鼓为切入点构建班级文化便是比较典型的例子。班主任老师这样描述以腰鼓为核心的班级建设:

> 亭林腰鼓源远流长,男女老少皆会,作为亭林镇的高中生,有责任将这一传统

传承下去。在学校的关心下,我们联系了亭林镇上的腰鼓教练,两位阿姨一听说我们要学腰鼓,二话没说就答应下来。周一的午自习时间,同学们怀着无比激动的心情,带上腰鼓来到了操场,教练已早早等候在那儿了。在教练的一番讲解之下,大家才发现:原本觉得打腰鼓是非常容易的一件事,但实际并不是那么回事。接下来两周的时间,同学们在教练们耐心仔细的讲解和示范下,将基本鼓点掌握了。不知不觉,三周时间就这样过去了,到了汇报演出的时间了,只见同学们昂首挺胸,面带笑容,自信而快乐地完成了自己的表演。通过这次的集体活动,我觉得腰鼓不仅仅让全班同学动起来了,而且也让他们在繁重的学业之余,找回了运动的快乐和自信,让班级的凝聚力也增强了。

共同生活不仅仅局限于班级之内,在学校层面,我们也尽可能为学生搭建展示自己、与人合作交往的平台,希望学生们可以在这些共同生活之中历练能力的同时,能够体悟到共同的诗性生活。亭林中学的学生法治社团便是这种共同生活的重要提供者之一。亭中法治社成立于2010年,成立初期以社会实践、问卷调查的形式开展活动,在亭林司法所的帮助下,亭中法治社调查过劳动纠纷、农民工维权等问题;后不断发展完善,逐渐成为亭林中学的明星社团之一。在每年一度的金山区模拟法庭比赛中,亭中法治社已经夺得四次金山区冠军。不仅如此,法治社还培养了几十名立志从事法律工作、已经考取法律类专业的青年学子。以下是法治社模拟法庭案例中的一例:

模拟法庭案例:

戴毅成雇佣黑客张欣康盗窃同学游戏账号内的虚拟装备案

【书记员】:请公诉人、辩护人入庭。

【书记员】:全体起立。请审判长、审判员、人民陪审员入庭。(请坐)

【书记员】：（站起来，脸转向审判长） 报告审判长，法庭审理准备工作完毕。请开庭。

【审判长】：【击法槌】现在开庭。（停顿一下再读）传被告人戴毅成、张欣康到庭。

【审判长】：根据《中华人民共和国刑事诉讼法》的规定，上海市金山区人民法院刑事审判庭今天对上海市金山区人民检察院提起公诉的戴毅成、张欣康犯盗窃罪一案进行公开审理。本案由审判员倪天乐、杨佳磊，人民陪审员冯凯宁组成合议庭，倪天乐担任审判长，书记员陈沈嘉担任法庭记录。上海市金山区人民检察院指派检察员陈诺、朱倩出庭支持公诉。

今天出庭的还有被告人戴毅成委托的上海积步律师事务所律师宋涛；被告人张欣康委托的上海市浦南律师事务所律师吴佳丽。

社会调查员蒋皓宇和张文轩出庭。

【审判长】：现在进行法庭调查。首先由公诉人宣读起诉书。

【公诉人1】：上海市金山区人民检察院起诉书，沪金检刑检未诉〔2018〕233号。

经依法审查查明：2018年3月初，被告人戴毅成因为羡慕同学王嘉凌游戏账号中所持有的豪华虚拟游戏装备，通过QQ联系到外校的张欣康，戴毅成让张欣康帮助其盗窃了王嘉凌的游戏账号。戴毅成当日支付张欣康800元人民币作为酬金。2018年3月10日张欣康利用技术盗得王嘉凌游戏账号和密码。

3月21日，运营商在接到王嘉凌同学账号被盗的申诉后，联合网警调查出了张欣康使用的电脑显示IP及所在位置。3月25日11时左右，张欣康被公安机关抓获，到案后供述戴毅成让其盗王嘉凌游戏账；3月26日戴毅成到公安机关自首。经鉴定该游戏账号内的游戏装备价值6 000元人民币。

本院认为：被告人戴毅成、张欣康采取秘密手段窃取他人财产，数额较大，其行为已触犯《中华人民共和国刑法》第二百六十四条，犯罪事实清楚，证据确实充分，应当以盗窃罪追究其刑事责任。被告人戴毅成、张欣康系共同犯罪，被告人戴毅成在共同犯罪中起主要作用，系主犯。被告人张欣康在共同犯罪中起次要作用，系从犯。

根据《中华人民共和国刑事诉讼法》第一百七十二条的规定,现提起公诉,请依法审判。此致上海市金山区人民法院,检察官陈诺。审判长,起诉书宣读完毕。

【审判长】:被告人戴毅成、张欣康,公诉人宣读的起诉书是否听清?起诉书指控的是否属实?

【12被告人】:听清了。属实。

【审判长】:公诉人是否需要讯问被告人?

【2公诉人】:不需要。

【审判长】:辩护人是否需要发问?

【1辩护人】:需要。被告人戴毅成你是如何和张欣康取得联系的?

【1被告人】:我通过QQ联系他,请他帮我盗号。

【1辩护人】:戴毅成,你为什么要偷窃他人账号?

【1被告人】:我就是羡慕他的装备,想在同学面前炫耀一下。

【2辩护人】:张欣康,你为什么要帮戴毅成盗号?

【2被告人】:我只是想展示一下自己的电脑技术,还可以赚点零花钱。

【2辩护人】:张欣康,你知道帮他人盗号的后果吗?

【2被告人】:我从没有想过盗窃一个游戏账号会犯罪,否则我绝不敢这样去做!

【审判长】:下面进行法庭举证质证,首先由公诉人就所指控的事实向法庭举证。

【2公诉人】:审判长,公诉人先出示第一组证据,证明被告人戴毅成的犯罪事实。

证据一,戴毅成的聊天记录,证明其与被告人张欣康事先共谋;

证据二,被告人戴毅成的供述,证明与被告人张欣康的交易行为;

证据三,被告人戴毅成提供的QQ转账记录;

证据四,公安机关出具的案发经过及侦破经过。

【审判长】:被告人戴毅成有无异议?

【1被告人】:没有。

【审判长】:戴毅成的辩护人有无异议?

【1辩护人】:没有。

【审判长】:被告人张欣康的辩护人有无异议?

【2辩护人】：没有。

【审判长】：公诉人继续举证。

【2公诉人】：审判长，公诉人出示第二组证据，证实被告人张欣康的犯罪事实。

证据一，被告人张欣康的证言，证明他与戴毅成的交易；

证据二，网络运营商的调查资料，证明张欣康曾用自己的电脑向游戏服务器发动过攻击。

【审判长】：被告人张欣康有无异议？

【2被告人】：没有。

【审判长】：张欣康的辩护人有无异议？

【2辩护人】：没有。

【审判长】：被告人戴毅成的辩护人有无异议？

【1辩护人】：没有。

【审判长】：被告人戴毅成、张欣康有无异议？

【被告人】：没有。

【审判长】：戴毅成、张欣康的辩护人有无异议？

【12辩护人】：没有。

【审判长】：公诉人是否需要继续举证？

【2公诉人】：审判长全部证据举证完毕，请合议庭依法采信。

【审判长】：被告人，你们有无证据向法庭提交？

【12被告人】：没有。

【审判长】：辩护人，有无证据向法庭提交。

【12辩护人】：没有。

【审判长】：法庭调查结束，现在进行法庭辩论。先由公诉人发表公诉意见。

【2公诉人】：下面，公诉人围绕起诉书指控事实，发表如下公诉意见，供法庭参考。

　　1. 关于本案定性。被告人戴毅成、张欣康用秘密手段窃取他人财产，数额较大，应当以盗窃罪追究其刑事责任。

　　2. 谈一下本案的社会危害性。被告人戴毅成作为在校学生，并没有践行正确的价值观，反而用不正当手段，盗窃他人财物，谋取不正当利益，且在学校里造成了恶劣的影响，有损学校形象，影响了社会治安环境。被告人张欣康并没有正当地使用自己的网络技术，非法入侵游戏运营商的计算机系统，盗取游戏账号，也造成了不良的社会影响。

3. 被告人的量刑。被告人戴毅成自动到案并如实供述自己罪行，系首，根据《中华人民共和国刑法》应当从轻处罚。被告人张欣康在到案后都能如实供述自己的罪行，并且有明显的改过思想，且被盗账号已经由运营商交还被害人，根据《中华人民共和国刑法》可以从轻处罚。

【审判长】：下面由被告人进行自行辩护。被告人戴毅成，你是否有自我辩护意见？

【1被告人】：我很后悔，我也没有什么好说的了，由我的辩护律师进行辩护。

【审判长】：被告人张欣康，你有无自我辩护意见？

【2被告人】：我错误使用了我的技术，做了违法的事，希望可以有个改过的机会。

【审判长】：下面先由戴毅成的辩护人发表辩护意见。

【1辩护人】：辩护人对起诉书指控的事实无异议，但辩护人也注意到：戴毅成家庭属于贫困家庭且父母长期在外打工，对戴毅成较少管教，以致他长期存在自卑心理及虚荣心理。为了在同学面前获得关注，因此才动了盗窃他人游戏账号的念头，辩护人建议从轻处罚。

【审判长】：公诉人是否需要答辩？

【1公诉人】：有。公诉方认为被告人戴毅成虽然是在校学生，但由于盗窃金额较大，其行为已经构成了盗窃罪。

【审判长】：辩护人是否需要答辩？

【1辩护人】：需要。从被告人同学的证词来看，被告人在校成绩优秀但为人内向，平日穿着朴素没有受到太多的关注，羡慕别人也在所难免。家中老人因被告人学习自觉，对被告人管束较轻，并未对被告人进行

过普法教育。这些都是导致这起盗窃案件发生的不可忽视的重要因素。被告人未来的人生路还很长,法律的作用除了惩治犯罪行为外,更重要的是要让犯罪者改过自新,重新融入社会。更鉴于被告人是初犯且尚未年满18周岁,所以希望法庭能给被告人一个改过自新机会,从轻处罚。

【审判长】:公诉方对于辩护意见是否有异议?

【1公诉人】:有异议,辩护方忽略了被告人戴毅成借此达到的不正当目的,即使被告人是初犯,但由于其犯案后造成的社会影响有很大的负面作用,所以此类行为不可纵容。法律面前人人平等,对于任何犯罪行为都不能纵容姑息,而应严厉打击。我们必须在社会上传播正确的价值观和法治精神。

【审判长】:张欣康的辩护人,你有无辩护意见?

【2辩护人】:有。审判长,辩护人认为被告人张欣康虽掌握了一定的电脑技术,但对网络犯罪的了解和认识都非常有限,各级政府在我国网络犯罪的宣传方面仍然存在着很大的漏洞,这使得青少年对此类犯罪往往认识不清,希望给张欣康一个改过的机会,从轻判罚。

【审判长】:下面由社会调查员发表相关调查报告。

【1社会调查员】:好的审判长。调查报告显示:被告人戴毅成因学习优异,为人谦和,在邻居间有很好的口碑。但同时邻居也指出,可能是家庭贫困等原因,被告人一向沉默寡言,显得跟同龄人有些格格不入。并且事发前有同学嘲笑其家庭贫困,这些给了被告人很大的心理负担。

【2社会调查员】:综上所述,社会调查员认为这起案件的发生是由多方面的原因而引起的。再加上两位被告人的悔改表现良好,所以希望法庭能够考虑两位被告人的家庭状况、心理承受能力以及社会资历等情况,酌情量刑,从轻处罚。

【审判长】:法庭辩论终结。根据法律规定,被告人享有最后陈述的权利。被告人有何最后陈述?

【1被告人】：我真的非常后悔，由于自己爱慕虚荣走上了犯罪的道路。我对不起父母和同学，请求法庭从轻量刑，以后我一定改过。

【2被告人】：对不起大家，我一时糊涂犯法，我真的很后悔。我已经认识到自己行为的危害性和严重性，请求法庭从轻量刑，保证以后绝不再犯了。

【审判长】：(敲法槌)下面休庭。进行合议庭评议。

（法警把被告人带下去）（注意这里需要停顿下，给评议庭一个商量的时间）

【审判长】：(敲法槌)下面继续开庭。

（法警把被告人带上法庭）

【审判长】：被告人戴毅成、张欣康盗窃一案，本院今天进行了公开开庭审理。经过法庭调查、法庭辩论和听取了被告人最后陈述，合议庭评议后，下面对本案进行当庭宣判，判决如下。

【书记员】：全体起立！

【审判长】：一、被告人戴毅成犯盗窃罪，判处有期徒刑一年，缓刑二年，并处罚金人民币2000元。

二、被告人张欣康犯盗窃罪，判处有期徒刑九个月，缓刑一年，并处罚金人民币2000元。被告人戴毅成、张欣康回到社区后，应当遵守法律、法规，服从监督管理，接受教育，完成公益劳动，做一名有益社会的公民。（缓刑考验期限均自判决确定之日起计算；罚金均于判决生效之日起十日内缴纳。）

三、违法所得予以没收。

【书记员】：请坐

【审判长】：以上是口头宣判，书面判决将在五日内送达。如不服本判决，可以在接到本判决书之日起的十日内，通过向本院或者直接向上海市第一中级人民法院提起上诉。书面上诉的，应提交上诉状正本一份，副本二份。

被告人及辩护人在庭审后应当阅看庭审笔录，并签名捺印。如笔录记载有遗漏的可以要求补充；如笔录记载有错误的，可以要求更正。

> 【审判长】：在本次庭审结束之前，法庭想做个提醒：作为在校学生应该好好学习，并学法懂法，千万不要为了满足自己的贪欲而走上犯罪的道路。本次庭审结束，下面将被告人戴毅成、张欣康暂押候审室。闭庭（敲法槌）！

这个模拟法庭案例离学生们的生活并不遥远。以往我们一般认为"虚拟财产"并不是"财产"，尤其是学生们关心的游戏装备、QQ号等等，但随着社会的发展，这个问题已经不仅仅是法律问题，还关乎学校教育的实践。例如，当老师发现两个学生闹矛盾，甚至是非常严重的冲突时，老师要如何调解？当这种冲突的起因和核心是"虚拟财产"时，老师又要如何应对？学校并不是司法机构，老师也不是法官或律师，但当此类事情真实地发生在学校之内，无论是老师还是学校，都不能视而不见。不仅要合理合法地处理，还要通过解决、调解这些纠纷，努力营造和谐的学校氛围。

与纠纷调解这样沉重的话题相比，每年的全校运动会则是让学生们期待、欢呼的重要时刻。高一年级的小郭同学在一次师生交流中谈道：

> 进入高中，我迎来了第一次运动会。跳高一直是我的强项，而我这次不会再小看对手，每一次都是我先跳，都是一次性通过。当我看到别的同学没有过时，我也会和她们讲技巧，给她们加油。虽然我们互不相识，但是看她们跳过，我也感到十分开心。随着难度升高，有几次我也跳不过去，她们就反过来为我加油呐喊。虽然最后是第四名，但是我仍然感到快乐，因为这是一场非常有意义的比赛，不仅有胜利的喜悦，也收获了鼓励和友情。

有时候学生的自我探索与改变，其动力不仅来自同学，还来自家长的肯定。例如，高一的小林同学便在他的文章中记录了自己的成长过程：

  我是一名高一新生,在初中填报志愿时就知道亭林中学的特色是体育,而我最弱的就是这项,中考也因为体育而失去了宝贵的 5 分,我也知道流泪是无济于事的,暗自下决心:在这三年里不管是学习还是体育,我都要克服困难、磨砺自己。

  学校秋季运动会,班级中的同学们都踊跃地报名,我也给自己报了三项。放学回家后,吃饭时我对爸爸妈妈说了这事,他们听了后非常惊讶!平时不喜欢体育的我,一下子报了这么多项目,简直不敢相信。但看到我自信的表情,他们还是鼓励我并支持我。运动会那天,操场上同学们不断为我加油喝彩,我也竭尽全力地去拼,通过我的努力,最后得到了年级组跳绳第四名,名次虽然不高,但对我来说已经是突破了。

  从家长的角度来看,孩子在校生活可能是一个半透明的"黑箱",既有所感知,但又无法"看透",直到这种在校的共同生活滋养、改变了学生在家的状态,"黑箱"的效果才得以明确、清晰,并让家长们惊讶、惊喜。例如,一位家长便曾在交流中回忆她的观察:

  我的孩子刚刚进入一个陌生的环境学习(高一),又是住宿生,一切都要自理。第一周,我几个夜晚彻夜未眠:"我的孩子能行哇?"……总算熬到接孩子的那天,我早早来到学校门口准备迎接孩子的诉苦。看到孩子精神饱满踏出校门时,跟我的想象有极大的反差,我的孩子居然有这样的巨大变化,让我有点不知所措。

  到了家时间也不早了,我做饭,她钻进自己的房间。饭做好了我来到女儿房间,她居然在做作业,又是一个变化!以往都是大字形躺在床上睡觉,作业都是隔天做的。女儿在变化,气质在变化,行动在变化……以往都是衣来伸手,饭来张口,学习我们陪着,房间我们整理……看来我的孩子真的成为一名高中生了。

谈到体育对孩子的改变,许多家长都有同感。这里仅列几位家长在不同场合的发言、反思:

你对体育的热爱是我所不熟悉的。在我对你的教育里除了叫你学习还是学习,所以我只关注你的成绩和排名。而这一次学校的运动会,你给了我一个大大的惊喜。你的短绳在高手如云的体育特色学校中夺得了第一,听到这个消息,我的内心是非常欢喜的:"我的女儿怎么这么厉害!"但我是一位不善于表达爱的妈妈,对你说的却是:"妹妹,学习也要好好的。"我想这句话已经让你听得耳朵都生茧了,但这次我说完后你重重地点了一下头,不再是以前那不耐烦的回复:"我知道了!"相信这次运动会中的成绩,同样在你的内心种下了成就的种子,而体育运动,从这一刻起,再也不是我嘴巴里面的"浪费时间!"

——高二小黄同学的妈妈

我的女儿之前对任何事情都没有坚持的动力。学乐器,刚开始学很开心、很新奇。可是日子一长,失去了兴趣,就放弃了。学轮滑,也是兴致满满,可是因为刚刚开始学掌握不了平衡,一不小心摔了一跤。摔疼了,也退缩了,之后再也没有碰过。上了高中渐渐地有些不同了,刚开始是参加学校的运动会跑800米,我很担心她是不是可以坚持到底,结果让我意外,得了一个第三名。后来她说她从来没有坚持过什么,但是这次的比赛她坚持了下来。她体会到什么是先苦后甜。从那以后她做任何事情都会坚持努力而不是半路放弃。这让我十分欣慰,也感受到了体育带给她的那一种自信和拼搏的精神。

——高二小潘同学妈妈

家长的观察和感受最能说明问题。他们最了解自己的孩子,也见证了孩子在求学过程中的喜怒哀乐。在很多家长的观念里,体育是一件浪费时间的事情,似乎只有时刻坐在书桌前"好好学习"才是"好学生",才是在"认真""勤奋"地学习。但是,很多家长们忽略的是,每个人都需要休息、需要在高强度脑力劳动后放飞自我,当然,也需要健康的身体作为学习的保障。无论从哪个角度来看,体育运动都是青少年学生不可缺少的生活组成部分,也是学生们在校共同生活的调味剂、黏合剂。

三、乐见不同:多样的成长方能致远

"成长"是一个包容性极强的词。每个人的成长都有其独特的内涵与过程,在这个意义上,无论是在体育的路上走出自己的风采,还是通过体育应对各自的"成长的烦恼",都从不同层面诠释着什么是"以体育人"、如何"以体育人"、"以体育人"可以如何。

薛家豪是亭林中学2017届毕业生,以综合成绩第一名的身份就读于华东师范大学体育学院体育教育专业,毕业后就职于上海市黄浦学校。对他而言,高中是一个身体与心智双重蜕变的过程。从一个体重不足90斤的柔弱少年成长为体育高考上海市第三名,薛家豪返校看望老师时,不禁感慨:

> 以前训练的时候,冬天手冻得发紫,夏天训练服能拧出一碗水,这些当时觉得苦,现在都是满满的回忆和财富。后来随着体育成绩的突飞猛进,文化课也开始变好,这让我觉得不管自己再怎么苦、再怎么累,在得到该得到的东西的那一刻,一切都是甜的。老师和父母为你骄傲,同学对你刮目相看。……从之前的体弱无力到现在的初为人师,一方面是自己努力前行,体育让我蜕变的结果;另一方面也和学校浓厚的体育氛围,学校以及老师对我的培养分不开的。

与薛家豪的目标明确不同,陈琪作为体育生,则经历了为时不短的迷茫、困惑。2016年进入亭林中学后,高一一整年的时间里,他在学习和体育训练中基本上都处于

游离和迷茫的状态,没有明确的方向。他只是机械地完成着体育生所必须完成的训练。据他后来回忆,这是他觉得最艰难最煎熬的一年,但也是这种煎熬,成为了改变命运的契机。

在教练的严格要求下,经过无数次不知疲倦地跑与跳,他逐渐感受到了体育训练带给他的变化,他开始树立自己的目标,端正自己的训练态度,无论严冬酷暑,他都会严格要求自己完成所有的训练量;在文化课学习上,他也开始集中注意力,潜下心地学习,正视自己的问题,严格遵守校纪校规。那段时光,体育带给他的,不仅是身心上的强健,更是对品德修养的不断完善和提升。2019年,陈琪成功被上海师范大学体育教育专业录取。

亭中给予学生的不仅有体育生活,还有更为丰富的维度。服务社区与社会便是其中之一。志愿服务作为高中阶段劳动教育的重要内容之一,每位高中学生必须在高中阶段完成40学时志愿服务,并计入高中综合素质评价。虽是硬性要求,但我们认为,乐于服务社会是每个亭中少年需要具备的胸怀、志趣,是需要浸润于日常生活、流淌在言行之间的品质。

2018届毕业生朱逸雯和姚雯雯就是在志愿服务方面非常突出的两位。朱逸雯和姚雯雯来自同一个班级,是一对好朋友、姐妹花,她们不仅在校内是"老师的好帮手",积极服务同学;在校外,她们更是满怀热情与追求,积极参加爱心暑托班、亭林医院导医、铁人三项志愿者等各种志愿者活动,笃守"仁义礼智信"的做人原则。

2018年6月9日下午,她们走出高考考场,直奔金山区世界献血日的活动现场,用实际行动诠释当年高考作文所体现"被需要"的青春正能量。她们的事迹还得到了上海电视台新闻综合频道的专题报道,朱逸雯和姚雯雯两位同学当年也被评为"金山好人",成为家喻户晓的学习榜样。

成长的多样性也许还体现在学生与自我的较量之中。随着我校体育特色的不断发展,我校针对特异体质学生专门建立了特异体质班级(健美班),在每天大课间时段为部分特定身体状况的学生提供帮助。建立特异体质班的初衷是希望鼓励这类学生走出教室,融入集体,在适合他们的运动中逐步提高身体素质和健康水平,培养健康身心。健美班的管理模式得到了各级领导的肯定,因为这种方式让体育锻炼真正惠及到了全体学生,不让一个学生掉队,把关注每一个学生的发展落到实处。在多年的实践中也涌现出了不少典型故事,小磊和小薇就是其中的两位。

班主任小王老师还记得第一次见到小磊时的情形,扭扭捏捏的他显得特别不自然。长久以来存在着的社交困难,让他找不到合适的方法和同学相处。但小磊渴望有朋友,渴望融入班级,渴望得到别人的认可和赞美。王老师在了解小磊的内心世界后,经常与他父母沟通,耐心与他聊天、谈心。那时正好学校开设了健美班,小磊就在健美班里锻炼了一段时间。在一次偶然的谈话中,小磊表示想要回到班级队伍里和同学们一起运动。在老师和同学们的鼓励下,他尽可能地跟上大部队,从一开始的半圈到最后能跑完两圈,对于他来说这是一个了不起的突破。

在年级组长和德育主任的指导下,他选择了篮球作为体育专项。由于篮球是一项集体运动,它在锻炼身体的同时,也培养学生的团队合作意识。在老师以及同学们的帮助下,他慢慢找到了自己的兴趣爱好。现如今,已经被上海高校录取的他,在暑假合理安排着自己的学习生活。在他的朋友圈里,可以看到每天过万的步数、黝黑的皮肤、逐渐变瘦的身材,运动改变的不仅是身体外形,还有内心样貌与成长路径。

和小磊相比,小薇同学则是一位过早与抑郁症抗争的姑娘。小薇是个瘦小纤弱、腼腆的女孩,喜欢运动,也爱"臭美"。可谁又曾想到,这个姑娘四年前患上了抑郁症。休学在家一年半后,在父母的劝说下,她重新回到了学校,她以为一切又要回到当初那个枯燥无悲无喜,缩在自己"壳"里的状态。直到健美班的出现,让一切变得不一样起来。

每天的课时操时间,"一二一,一二一!"操场上回荡的跑步声对小薇来说毫无意义,腰椎上的钢钉让她无法跑跳。但是,自从加入健美班,小薇开始尝试健步走、投篮、太极等多种相对温和的运动。小薇渐渐变得开朗,话多起来了,笑容也多起来了,整个人气色也好很多。在这样一个特殊的群体中,她慢慢从自己的"壳"中走出,认识了更多同学,也慢慢融入班级,开始参与本班级的一些活动。更让小薇意外的是,她还当上了健美班班长,负责每天的考勤工作。在我校2019年上海市推进特色普通高中建设项目展示活动中,小薇大大方方地走上主席台,与济济一堂的嘉宾们分享了她在健美班的感人故事,在场人员无不动容。两年后,她成功考上了大学,圆了大学梦。

在教育实践过程中,我们发现以体育人的目标其实始终指向培育学生积极的心理品质和健全的人格,这个目标其实和学校心理健康教育的目标不谋而合。在当今社会整体氛围之下,心理健康教育已经成为了学校教育的一个底线工作,各校都投入了相当的人力、精力,但极端事件还是时有发生。怎么让普通孩子的心理更健康,让可能存在心理问题的孩子走回正轨,这已经成为了我们工作的一个重点,也是我们工作的难点甚至是痛点。

四、凝视远方:生活育人的制度保障

作为一所远郊普通高中,学校生源质量处于上海市高中生总体的相对靠后位置。在以往的成长经历中,亭林中学学生普遍学业挫败体验较多,自我认识不清,生涯规划的意识和主动性不足,也缺乏对未来生涯发展进行规划的能力。结合高中阶段性特点和学校学情,学校希望通过生涯教育课程与活动实施,深化学生的自我认识,帮助学生悦纳自我,提高生涯规划的主动性;以高中学生综合素质评价为指导,以志愿服务(公益劳动)、研究性学习等学习实践活动为载体,为学生提供丰富的职业体验和社会实践经历,增强社会参与能力;指导学生了解普通本科和高职院校的专业设置和社会的职业需求等信息,激发学生的学习潜能,提高学生的生涯选择和决策能力。

学校在融合育人的实践中,不断开发挖掘校内外资源,一方面将学科课程中蕴含的丰富生涯教育资源融入教学中,推进学校生涯教育的不断深化;另一方面校内扎实推进全员导师制,融合育人理念,助推教师在学生发展指导工作中的角色融合,促进育人方式的变革。校家社生涯教育凝聚合力,搭建连接学校围墙内外的桥梁,全方位为学生提供集学科、专业、职业、生活一体化的生涯体验大课堂,让学生筑梦校园内外,助力生涯发展。

(一) 优化路径,加强生涯教育多重"协作力"

1. 顶层设计,融合校家社生涯教育合力

"融合育人"的原动力在于建立学校内部系统、学校外部系统和学校内外联合系统的关联。近年来,我校的生涯教育顶层设计和实施中,从打破资源壁垒入手,构建了校内外生涯教育资源融合的合作网络。2021年9月22日,上海体育大学附属金山亭林中学学生发展指导中心揭牌,"学生发展指导中心"作为校内统筹开展学生生涯教育的部门,从制度设计、项目研究、工作推动等入手推动生涯教育落实,在此过程中,家长参与学生发展指导工作。

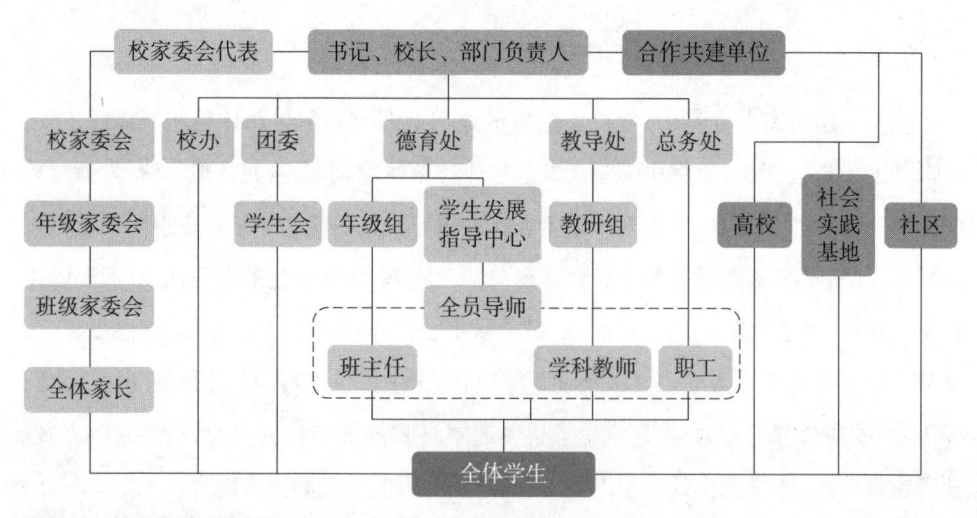

图6-1 校内外生涯教育网络

基于高中生涯教育的基本内容,在总体目标基础上,我们将生涯教育工作与学校教育活动相融合,构建了包含生涯意识、自我认知、外部探索、生涯决策和生涯素养五个方面内容的目标体系,不同年级各有侧重,有序深入。

2. 转变观念,导师多重角色实现融合

全员导师制的提出是为了更好地构建全员、全程、全方位的育人工作体系,遵循教育规律和学生身心发展规律,促进每一个学生健康快乐成长。教育的初心是要培养全面发展的人,在开展教学的过程中必须回归教育原点,秉持以人为本的教育观念,树立融会贯通的育人理念,"五育融合"的内在机理是回归教育本真,实现人的本质的复归与整全式发展。"融合育人"理念指引下开展全员导师制工作,导师在学生发展指导工作中承担学生学业辅导、生涯向导、心理疏导、思想引导、生活指导、运动互导等多重角色。教师在学生发展指导中的角色不仅仅停留在学科知识的传授,同时更加强调育人功能的实现。融合育人理念也助推了学生发展指导工作中的教师角色融合,促进育人方式的变革。

2021年学校开始试点推广全员导师制,亭林中学《全员导师制实施方案》入选上海市首批全员导师制区、校方案汇编,教师全员参与、覆盖全体学生,导师全面、深入了解学生在学业、心理、生活、成长等各方面的情况,师生共同讨论协商确定符合学生实际的发展目标和路径,促进学生德智体美劳全面发展。同时发现,研究学生在兴趣、性格、成长经历等方面的个性差异,因材施教、因人施导,有助于促进学生个性发展。学校王珺珂老师、许李萌老师的全员导师育人案例在金山区全员导师案例评选中分别荣获一等奖和三等奖。

3. 学科融合,激发课堂生涯教育活力

生涯教育的稳步落地需要为学生创设完善的课堂、适宜的环境、丰富的体验,帮助学生在融合中实现多样化的成长绽放。着眼于学生生活与生命的感知体验,学校对已有课程资源进一步开发利用,学校开设了生涯教育校本课程,如心理健康课程、劳动技能课程、生活适应课程等,在注重学生身心健康发展的同时,引导他们适应生活、融入

表6-1 亭林中学全员导师融合育人任务分解

任务\年级	思想引导	学业辅导	生涯向导	心理疏导	生活指导	运动互导
高一年级	正确认识并学会处理自我与他人、社会和国家的关系，积极践行社会主义核心价值观，树立正确的世界观、人生观、价值观。	帮助学生进行学业分析，适应高中学习方法，激发学习动力，培养良好习惯。	学生发现并了解自身的兴趣爱好，全面认识自我。	了解学生心理状况，为学生适应高中生活创设宽松的心理环境。	经常性与学生家长沟通，了解学生的家庭情况，力所能及地帮助学生解决生活中的困难。	指导学生积极参加体育锻炼，在运动中健身怡情、修身明志、砺身成人；遵守运动规则，公平比赛；引导学生认识、感悟、践行以"拼搏、规范、坚毅"为核心的体育精神，养成终身运动的习惯和生活方式。
高二年级		帮助学生进行学业分析，指导学生自主制订学习与发展计划，做好等级考准备。	立足学生现状，明确发展方向，确立成长目标。	疏导不良情绪，化解心理压力，正确对待成长中的挫折和烦恼。	掌握学生在家庭中的表现，配合家长指导学生养成健康的生活习惯。	
高三年级		帮助学生进行学业分析，指导学生改进学习和复习的策略方法，提高学习效率，为高考作准备。	做好生涯规划指导，培养学生的生涯选择和决策能力，做好学生的升学和志愿填报辅导，为学生的终身发展引路和奠基。	培养学生调控情绪、应对挫折、适应环境的能力，培育积极的心理品质。	做好家校沟通，科学合理安排日常生活，培养学生自制、自主、自理能力。	

生活、热爱生命。高中生涯教育并不是要学生现在就固定自己的职业发展方向，而是要他们形成职业发展的意识，并具备去实现职业目标的动力和能力。学校积极引导教师用好学科主阵地进行生涯教育，还形成了系列学科生涯教育融合的校本课程，通过生涯类课程的开发和实践，基本实现德育、智育、体育、美育、劳育的巧妙融合，将知识教育、能力教育、价值观教育以及生涯规划教育有机结合起来，以完善学生的认知，提升他们的规划能力，实现多元育人价值。其中的典型代表就是学校的"以体育人"和"法治教育"特色生涯融合课。

表6-2 生涯教育与学科教学融合情况汇总表

生涯课程类型	具体内容	生涯教育与课堂教学融合点
生涯教育校本课	入学适应教育	适应高中生活,树立目标意识。
	心理健康课	思考并接纳兴趣、能力、价值观对生涯的影响,对自我有更深入的探索和清晰的觉察,建立清晰、积极的自我概念。
	理想与择业	理解生涯阶段、生涯角色,认识世界的变化,接纳不确定性,主动思考自己的生涯发展。
	劳动技能课	掌握一定劳动技能,理解劳动创造价值,具有劳动自立意识和主动服务他人、服务社会的情怀。
"以体育人"生涯融合课	体育名人故事	通过典型的人物经历,分析其性格、职业选择与最后的成功之间的关联性,从而引导学生正确认识自我、专业和职业。
	中国近代体育教育史、奥运历史	启发学生将自己置于国家民族利益之下,将职业理想和责任担当相结合。
	地理环境与体育运动、体育赛事中的现代科技、体育运动中的化学	将知识融入生活,了解学科知识在职业中的应用方向,激发学生的学习兴趣和意义感。
	体育赛事运营、体育俱乐部运营、体育解说、体育新闻传播等	通过学科课堂和"工作现场"的情景式融合,学生认识、学习课本与相关职业的联系,并教育学生尊重与该专业相关的职业,获得职业体验。
"法治教育"生涯融合课	中国宪法、禁毒教育、以案说法、女生教育	增强法制观念和规则意识,学会自律,树立积极的人生目标
	法院参观访问、模拟法庭	帮助学生感受法律相关职业的特点,同时对相关专业、职业形成准确认识,培养基于学科背景的职业关键能力。

4. 社团实践,过程融合学生生涯探索

社团活动有助于学生了解自我兴趣,为学生提供一条高效的职业探索体验的途径。通过参加社团的活动,让学生去探索自己真正的兴趣,了解自己的能力所在,同时也可以培养自己的兴趣与能力,做好生涯规划,为自己将来的发展做好必要的铺垫。

学校要求每个学生都参与一个社团,鼓励有能力的学生组建新社团,将社团活动与生涯教育相融合,学生在社团活动中找到自己喜欢的、感兴趣的方向和领域,进行体验尝试和生涯探索。学校组建了包括攀岩、摄影、编程、法制、合唱、配音、地理、编织等

35个类型各异的社团,帮助他们更好地进行生涯探索和发展。

5. 校社联动,社会资源丰富生涯实践

学校常年邀请社区社工、交警队、派出所、工商所、检察院、法院、红十字会等机构相关人员,到校开展法治教育、健康教育等各类型主题宣讲。学校先后与区内十几家社会实践基地合作签约,组织学生参加职业体验和公益劳动。同时,学校充分利用本土资源,如利用张堰南社纪念馆、金山卫抗战遗址纪念园及金山博物馆开展寻访乡土红色资源系列实践活动,激励学生在实践体验中砥身宏志,形成正向的人生价值追求。作为一个历史底蕴深厚的古镇,亭林有良渚文化、顾野王文化等。学校深入利用亭林地区资源,组织学生参访顾公广场、亭林遗址公园,调研亭林东街发展及变迁史,在寻访家乡文化系列活动开展过程中认识乡土文化,提升文化认同和自信。

学校还与上海体育大学合作,带领学生走进中国乒乓球博物馆,感受"国乒荣耀",培育民族自豪感和责任意识。在上体专家指导下,学生担任"小小健康师",为同学、老师、社区居民开展身体检测、提出针对性建议。学校还与中侨职业技术大学开展合作,让学生走进大学校园,了解大学专业,参观和体验职业实训基地,助力学生生涯发展。学校邀请大学的专业教师对无人机社和文创产品开发社的学生社团活动开展指导,深挖社团更多的融合内涵与价值。学校还与中侨职业技术大学开展高中生职业发展规划的横向课题研究。

(二)形成共识,凝聚学校行规教育"向心力"

良好的行为规范是学校的教育教学活动顺利高质开展的基础。作为一所远郊普通高中,学校生源质量相对较弱,学生的行为规范意识有待提高,基于此,学校对行规教育常抓不懈。

2022年,学校抓住创建上海市行为规范示范校机遇,基于五育并举、融合育人的育人变革要求,在"理解生命、享受体育、追求卓越"的办学理念指引下,基于学生特点,将行为规范教育与学校体育特色、法治教育特色相融合,构建了适合于普通高中学生特点的、具有亭林中学特质的行为规范教育,遵循"始于身,达于心,成于志"育人路径,引导学生熟知行为规范,强化行为养成、行规实践,在实际行动中践行社会主义核心价值观。

1. 目标引领,行规教育有机融入学校育人目标

结合学校实际与行为规范教育育人定位,我们将亭林中学学生的行规教育目标确定为:遵循"始于身,达于心,成于志"育人路径,培育"享受运动、守规明礼、阳光健康"的时代新人。"始于身"指行为规范教育开始于实践,在学习与生活实践中践行规范;"达于心"指规范的行为达于内心,形成理性认知与情感认同;"成于志"指依托良好的行为规范习惯,在学习与生活中实现自我理想,展现人生价值。"享受运动"根植于学校体育特色,让学生在运动中享受乐趣,健身怡情,养成天天运动的习惯;"守规明礼",是指践行、理解、内化规范,做到遵守基本行为规范,明晰基本文明礼仪;"阳光健康"是基于"以体促行"特色行规教育的亭中学生特质。

在总体目标基础上,我们将行规教育工作与学校各项教育活动相融合,分解形成了涉及德智体美劳等多维度的行规教育目标。

表6-3 行规教育分解

目标分解		高一年级:始于身 了解规范 辨识规范	高二年级:达于心 理解规范 认同规范	高三年级:成于志 践行规范 内化规范
享受运动	生活习惯	参与多种形式的运动锻炼,增加户外活动时间,保护视力。(体育)	学会欣赏运动美、健康美。(美育)	享受运动,养成终身运动的习惯和生活方式。(体育)
	学习习惯	在运动中尝试建立目标,感受目标的意义。(德育)	通过体育教学和竞技活动,逐渐确立明确的目标感。(德育)	统一并联系目标和生涯规划,树立长期发展目标。(德育)
	人际交往	在运动中意识到每个成员在集体中的不同角色,尝试与同学团结合作。(德育)	参与具有挑战性的体育训练和竞技活动,积极与同学合作共同克服困难。(德育)	理解集体成员间的竞争和合作,真诚友善帮助他人,支持他人发展。(德育)
	公共规范	强化体育活动中对国旗、国徽、国歌的尊敬,遵守运动规则,领悟规范的重要性。(德育)	通过体育赛事强化对于祖国文化的认同;结合日常的学习生活,认同规范的重要作用。(德育)	增强文化自信,通过持之以恒的行为体现出内化的规则意识。(德育)

续表

目标分解		高一年级:始于身 了解规范　辨识规范	高二年级:达于心 理解规范　认同规范	高三年级:成于志 践行规范　内化规范
守规明礼	生活习惯	科学作息讲卫生,保证8小时睡眠时间。文明用餐,保护视力。远离毒品,文明绿色上网。自觉垃圾分类。(德育)	生活方式健康,理性消费不攀比。积极参加志愿服务,热心公益劳动。通过日常生活自理和家庭服务,培养良好的劳动习惯。(劳育)	自尊自强,敢于担当。(德育)
	学习习惯	养成良好阅读习惯。在学习和活动中体现出良好的自我时间管理能力,按时完成计划的学习任务。(智育)	选择、分析、整合和应用信息,提出具有针对性的解决方案。(智育)	培养主动探索的品质,打造终身学习的意识。(智育)
	人际交往	使用文明用语,行为举止得体。孝敬父母,尊重师长。尊重隐私,慎交网友。(德育)	学会情绪调节,掌握一定人际交往技巧,学会解决人际交往中的冲突和矛盾。(德育)	围绕成长中的关键问题进行理性平和的亲子沟通,与同学、老师和谐相处。(德育)
	公共规范	熟知《中学生守则》《上海市中学生日常行为规范》及"五项管理"等的校规校纪,爱护校园环境,维护校园秩序。(德育)	遵守校纪校规,主动完成校园志愿服务,参与校园管理,主动维护校园秩序。(劳育)	遵纪守法,做有法治意识的公民。(德育)
阳光健康	生活习惯	通过自我探索和实践,尝试制定个体生涯发展规划。(德育)	结合个体生涯规划,主动进行有目标、专业性的生活实践。(德育)	基于对自身情况的合理分析,完成生涯选择和决策。(德育)
	学习习惯	能够主动提出问题,并思考解决问题的可能方向,独立完成作业,考试不作弊。(智育)	对自我学习状态进行审视,总结经验,有目标地提出优化学习的具体方案和方法。(智育)	有意识地应用优化的学习方法,以开放的心态学习新知识。(智育)
	人际交往	讲诚信,积极参与班集体建设,培养集体性思维。(德育)	积极主动地进行沟通,促进团队合作,有意识地反思并改进与他人的互动模式。(德育)	主动作为,做对自我和他人负责的主人翁。(德育)
	公共规范	增强文化自信,遵守公共秩序,文明礼让,爱护公共财物,遵守《中华人民共和国宪法》。(德育)	爱护生态环境,养成良好的网络使用习惯,积极地传播优秀传统文化;热心公益和志愿服务。(劳育)	欣赏中华民族的优秀文明成果,尊重其他国家和民族的风俗和传统,做弘扬优秀传统文化的传承者,自觉承担社会责任。(美育、德育)

2. 聚焦主题，行规教育融入活动始终

学校注重在实践活动融入对行为规范的认识、理解、践行与内化，引导学生在活动中养成规范。在融合育人理念指引下，学校进一步梳理校内外行规教育资源，确立了十个主题的行为规范教育，同一主题的实施载体多元化。

为了更好发挥评价在融合教育中的育人导向功能，学校秉持"不用同一把尺衡量所有学生"的评价观念，采取多元融合的评价方式。各类主题活动中，教师会进行过程性、展示性评价，让学生在评价过程中产生自我绽放的内驱力。

3. 立足特色，构建"以体促行"行规教育特色品牌

学校深耕体育六十载，不断挖掘体育的育人价值，逐渐凝练形成了"享受体育，以体育人"的办学特色。在此基础上，学校积极探索体育与行为规范教育的深度融合，以体育促进学生行为规范教育，逐渐打造形成"以体促行"行为规范教育特色课程，使"享受运动、守规明礼、阳光健康"成为亭中学生的行为风貌和特质，天天运动、阳光健康的行为表现成为学校一道亮丽的风景，赢得社会各界的广泛好评。

学校构建了内容丰富的特色课程体系，在课程实施中引导教师深入挖掘特色课程蕴含的行为规范教育因子，以体育为载体进行全员、全程、全方位的行规教育。以体促行的关键环节是在体育活动中做实做细行为规范教育，学校通过构建表现性评价量规，辅以激励性评价机制（体育比赛奖励、运动健将评选等），引导教师与学生践行规范。

表6-4 行规教育特色课程示例

课程类型	课程示例	课程与行规教育融合点
行规特色课程——健身系列	体能训练课 一班一品 行规类慕课——健康生活方式养成（运动与睡眠、运动与肥胖、运动与视力健康等）	知道所参加体育活动、体育比赛、体育文化活动的基本规则，能够描述这些规则，能够基于自我身体特点进行科学的、规律化的身体管理，合理安排饮食、起居及学习。

续表

课程类型	课程示例	课程与行规教育融合点
行规特色课程——修身系列	体育名人故事 体育与科学：兴奋剂防范 生涯体验：赛事运营、体育新闻传播、运动与人际关系改善	能够将体育活动的规则意识迁移至生活、学习与公共领域，对自己在生活与学习的行为表现进行反思，积极面对生活、学习与挫折，能够自我砥砺与相互激励。
行规特色课程砺身系列	体育赛事课 礼仪与规范——塑造形体美 运动与学业压力调适 运动心理健康 志愿服务：球童、助教、见习教练等	能够在各级各类体育活动中严守规则，遵从礼仪规范，监控、矫正自我与同伴行为，展现出良好的行为风范；能够在学习与生活中严守规范，对自我行为进行监控、矫正。

（三）完善机制，发挥校家社协同育人"影响力"

"五育并举、融合育人"的目标达成离不开家长的支持和配合，唯有校家协同、携手合作、同心同向同行，才能促进学生健康成长、全面发展。多年来，学校一直非常重视家庭教育指导工作，充分利用家长学校课程及家长会、家长开放日、家委会、家访等形式开展家庭教育指导服务；努力创新校家联系的形式和内容，尽可能多地让家长走进学校，走进课堂，走进学生的学习生活，拉近亲子关系，让父母走近学生的内心，增进彼此的了解，营造和谐家庭氛围。学校每年邀请专家做"鑫之家"家庭教育指导讲座，给予家长专业的家庭教育指导；各年级针对阶段性生情实际，举行面向家长的心理健康教育指导，为家长解忧释怀。各类家庭教育课程做到规范化、日常化、系列化，取得了一定实效。

同时，学校重视社会资源的引入，与高校开展项目合作，开设了丰富的课程；与社区联动建设学生基地；还与俱乐部、体育中心合作，共同营造了协同育人的氛围，不断开阔学生的视野，拓宽学生的眼界，丰富学生的学习经历，在体验与实践中达成融合育人目标。

1. 完善校家联动机制，畅通校家沟通渠道

落实家访制度，编制完善了《家访记录本》，明确家访前、家访中、家访后的主要目

标和详细内容,要求班主任对新高一学生及特殊学生家访全覆盖,暑假全员家访,根据学生实际做好日常家访。在线教学期间,开展多对一、一对一的"云家访"活动,隔着屏幕与家长、学生"云沟通",真正让每一个学生在学校、老师和家长的关爱下,提升学习自信心和自我认同感,引领学生走出暂时的迷茫,促进学生健康成长和全面发展。

学校制定了《亭林中学家长委员会章程》《亭林中学家长委员会工作职责》《亭林中学家长学校章程》等一系列制度。每学年改选一次家委会,民主推选家委主任、副主任。每学期开学前召开家委会会议,家委代表审议新学期开学规范收费事宜,并听取家委对学校教育教学的建议和意见。家委会上,德育处向家委代表适时宣传国家法律法规,如宣传学习《家促法》《中小学教育惩戒规则(试行)》等,家委代表先学先行,树立榜样。此外,学校的大型活动举办、市行规示范校创建等重要事件均通过家委会议宣传,获取家长的认可与支持,一些新政策、新举措通过家委代表审议表决后付诸实施,如《亭林中学学生手机管理办法(试行)》在校家联合监督、管理下得以顺利实施。

努力创新家长会的形式和内容,比如:利用家长会契机,教学管理部为全体家长做高考形势讲座、生涯主题指导;学生发展指导中心做学生心理辅导指导;邀请家庭教育专家做"鑫之家"家庭教育指导讲座;尝试设立"家长讲坛",让本班级的优秀家长做亲子沟通交流。让孩子动动笔,写"给父母的一封信",当家长在孩子座位的某个地方找到那封书信时,很多家长感慨万千。

努力拓宽校家联系新途径、新渠道。每年4月,学校开展家长开放日活动,组织家长代表走进学校,参观美丽的亭中校园,观摩课间活动,并进入教室听课,零距离感受孩子的课堂。学校每年的重大活动,例如体育节、迎新联欢会等也邀请家长参加,让家长担任体育节入场式评委已经成了我校的传统。跟进落实种子家长计划,组织种子家长参加各类家庭教育培训及相关活动,先行提升种子家长家庭教育能力,发挥示范作用。

"多角度、多形式""点面结合"的家庭教育指导模式,帮助家长改进了亲子沟通技巧,形成了更科学的家庭教育理念,从而提升了家校协同效果,增进教育合力。

2. 落实校家协同,提高育人实效

基于校家联系机制,学校积极引导家长开展思想品德、行为规范教育,如:通过新生入学家长会、期中期末家长会,通过发放寒暑假和各种主题的《致家长书》,通过亲子互动活动、家访、个别教育等,引导家长了解学校规章制度、国家法律法规;通过介绍优秀的家庭教育案例与家庭教育误区,引导家长掌握有效的家庭教育方法等。

学校积极组织家长参加市、区、校级家长学校的家庭教育系统性培训,帮助家长提升家庭教育能力,增强亲子沟通技能,促进学生良好行为习惯的养成。以融合育人种子家长、家委代表为表率,积极引导家长建设良好家风家训,注重言传身教,注重子女家庭行为规范教育。

第7章

"让智慧流动起来":制度文化与分布式领导

◆ 我想让智慧流动起来,不仅仅是面对面的研讨和思维碰撞,也可以通过一个平台把大家的智慧亮点传播出去。我很愿意做这样的传播者。

◆ 校长领导力的"力"体现在能否引领和影响"小伙伴们"共同完成目标。

第7章 "让智慧流动起来":制度文化与分布式领导

"让智慧流动起来",是我挂在嘴边的一句话,也是我非常认同的学校管理服务理念。如果说每个人都有自己独特的观察世界的视角,都有自己独到的经验与思考,那么,一个组织的管理者最需要的能力可能就是如何把组织成员的"智慧"整合起来,不仅形成合力促进组织发展,还能在学校内部形成良性循环的机制,让"智慧"不再是静止的样态,而是"流动起来"。这种或急或徐的"智慧流动"必然会促动、浸润组织的每个毛细血管,让学校焕发不一样的、持续的生机。

一、以校为家:共同愿景与组织氛围

"以校为家"是很多学校都会在不同情境里使用的"口号"。但是,学校到底有没有"家"的感觉,对这个问题最有发言权的显然不是校长,而是学校的师生。同时,学校如何才能有"家"的感觉,对这个问题的思考与回答则很大程度上因校长的不同而有很多差异。这种思考也就是校长如何理解学校愿景、如何引领全校师生员工认同这一愿景并愿意为之努力。用小运老师的话说,就是"心在哪里安放,就在哪里收获希望"。

> 回想初到工作岗位时,眼前的一切都是那么的新鲜,懵懂的年纪让我充满了无限的期待和向往。有人说:心在哪里安放,就在哪里收获希望。自走上工作岗

位的那天起,就选择把心放在了这里,在这里驻足、扎根和守望。在这里发现榜样,榜样的力量为我们指引方向,为我们开路领航。我们每个人都是平凡的,头顶上没有耀眼的霓虹,脚底下没有靓丽的舞台,手中更没有可以挥舞的色彩,我们有的是三尺讲台,有的只是平凡的工作。

刘凤娟老师在平凡的工作中立足岗位,温柔坚韧,充满能量。刘老师连续两年担任高三和高一任课老师,不管是即将毕业的高三毕业班学生,还是初入高中的高一新生,她都能与学生有效沟通,善于倾听,取得了学生的信任。作为同组成员,我经常在课间看到高一的学生来找她谈心,她会耐心回应,给予学生情绪支持,同学们有了新的时事观点也会来找她交流讨论。尤其是她作为学生导师,更是经常和同学们一起活动,在不久前举行的运动会中她跟学生一起参加了八人齐心协力同心鼓比赛,取得了不错的成绩。

——小运老师

小赵老师也通过自己对高三年级的观察,在全校教师大会上为所有老师讲述了高三的故事以及她的体会。

由于教学工作的安排,数学组沈阳老师和陈倩芸老师在很长时间里都担任了高三两个班的数学教学工作,一周正常情况下都有18—19节课,还不包括晚自修和自修课辅导,工作量是正常的2倍。但两位老师从不抱怨,以满腔的热情投入到高三教学中。午自修、课间和放学后,经常会看到两位老师还在给学生个别辅导。徐婧老师和褚依萍老师今年第一年担任毕业班的数学教学,美术班的孩子们数学短板很多,基础薄弱,两位姑娘刻苦钻研,整合基础题,精讲精练,不厌其烦地做好美术生的拉差补缺工作。虽然也有因学生一直搞不懂而焦急,但她们从不放弃一个孩子,不懂再来,直到弄懂。年轻老师们的倾情付出,也赢得了学生们对数学的上心和努力,对老师的尊重和肯定。而孩子们的努力也必定会激发年轻老师的热情。正所谓"亲其师信其道",教学相长,我想说的也是这层意思吧。

我们的高一年级组长在普通教师与"组长"角色之间切换时,也体会到和谐组织氛围的温度与力量。

我想对许高斌老师说声:"谢谢!"谢谢您手把手的赐教,让我对年级组管理由一无所知到慢慢上路。每每遇到困难,我第一时间就想到向您讨教,而您会毫无保留地给出您的意见。您告诉我:年级组的管理重点在于充分发挥好班主任的力量,形成合力。对于高一学生,行为规范永远放在第一位,问题学生要多关心等等。记得上个月,您就高二的合格考等级考等问题和校长进行了探讨,我也跟着去聆听,一节课的时间,令我受益匪浅:您思路清晰,将接下来的合格考等级考该应对办法一一道来。您的睿智幽默和对工作的严谨认真值得我终生学习!

其次,我想对杨莉红老师说声:"谢谢!"杨老师性格开朗,待人热心真诚,对我的工作和生活都给予了莫大的帮助。在英语组共事十余载,杨老师是我们组出了名的热心肠,大家有什么大情小事都喜欢找她聊聊。记得我在上海的第一套房就是在杨老师的帮助下买的。看房谈价格签合同,杨老师陪了我一趟又一趟。我生完孩子,杨老师第一时间来到医院看我和宝宝。我婆婆突然中风被送往金山医院,杨老师和朱医生大晚上直接到医院来安慰和帮助我们。杨老师对生活的豁达和对身边人的热心值得我终生学习!

最后,我想对周文花老师说声:"谢谢!"在十几年的班主任工作中,我得到了周老师很多的指导,大到班级的管理,小到和每个同学的谈心,周老师的言传身教教会了我很多。记得有一年我们同处一个年级,周老师带1班,我带3班,她还兼任了年级组长。我班有一个性格乖张的学生,脾气执拗,和家长老师同学关系都处不来。几次谈话下来,他依然我行我素,我有些焦急但又手足无措,于是,周老师和我一起一次又一次关心他,晓之以理动之以情,慢慢地,这个学生变得开朗很多,同学们也愿意和他玩了,到高三时考上了一所大专院校,现在还经常回母校看望我们。用他的话说:没有当年老师们的关心,可能他早就放弃啦!

其实,在亭中的十余载里,感受最深的就是:这是一个无比温暖的大家庭,就是这份温暖,让我深深爱上了这个校园、这片土地和这里的每个人。同时,我也想把这份爱和温暖带给每个孩子,让他们爱上校园、爱上学习、爱上生活!

在亭中,这样的故事、这样的人还有很多很多。正是这些人、这些事共同构筑了作为"家"的"校"。也因此,"愿景"不再是校长的一厢情愿,而是所有小伙伴们的共同心愿、心中的景致。

从专家学者的角度,学校愿景是指依据学校的使命、价值取向和未来蓝图,师生员工共同认同和期望的学校未来发展景象,具有参与性、前瞻性、激励性和内生性的基本特点。① 学校愿景需要校长深刻洞悉时代发展与社会变革,对传统文化、学校特色、办学定位有着整体性理解与把握。例如,何二林、向蓓莉等人从我国儒家民主的视角出发,指出校长的教学管理与领导行为受到其所处社会文化以及历史传统的影响,实践儒家民主式管理要求校长通过因材施教以及专业对话实现知人以修身;承认以及尊重学生的受教育权、教师的专业发展和参与权;通过法规与礼的规范,举贤而用,实现同心共治。② 刘莉莉认为校长作为学校发展的"掌舵人",应站在社会大系统中正视时代的各种变革,不断提升自身领导力,引领学校和师生在迎接各种挑战中走向美好未来,包括面对国际局势的风云变幻,要提升战略决策能力和政治敏锐性;面对经济发展的转型升级,要提升学校经营管理的能力;面对信息技术的更新迭代,要提升技术赋能教

---

① 项红专,刘海洋.学校愿景管理:意涵、价值及模式构建[J].教育科学研究,2019(09):24—28.
② 何二林,向蓓莉,郝汉.儒家民主视角下的中小学校长教学领导力研究[J].中小学管理,2023(05):41—44.

育的能力；面对社会文化的多元共生，要提升价值教育的引领能力；面对教育自身的跨越发展，要提升重构教育生态的能力。①

如果换个角度看当下学校愿景的构建，可能重心之一便是文化建设。例如，有学者就认为校长作为学校的领导者，在领导学校文化建设的过程中应当具备文化领导力，校长文化领导力与学校文化动态建设与发展相辅相成，并且校长文化领导力可分为文化诊断力、文化愿景力、文化设计力、文化实施力和文化传播力五个向度并完整地贯穿文化建设体系。② 在文化建设的意义上，对于学校而言，课程与教学始终是核心。这也是我们在特色创建的过程中着力打造和实践的，即以课程体系的特色打造为抓手，以课堂教学的风格锻造为底色的原因。一个学校如果没有有标识性的、有特色的课堂与课程，那么，学校的所谓特色也就没有其植根的土壤。

正是在这个意义上，培育共同愿景的土壤可能要比单纯构建愿景本身更加重要。那么，校长的课程领导到底要"领导"些什么？我认为，有两个方面是需要特别重视的：一是政策要求与课程落实。例如，新教材新课标、"双减"政策等等都对一线的课程建设、实施提出了新的要求。在这样的大背景下，如何理解这些政策、如何理解政策与学校课程体系的关系、如何在政策的要求和引领下找到适合自己学校的课堂教学方式方法，都是一名校长需要不断思考的。只有想清楚、想明白这些问题，才有可能把学校的课程"领导"起来，才可能在全校师生的日常互动、合作中探索课程领导力的着眼点、发力点和聚力之法。就像有的学者所说的，校长在组织发展引领力、团队效能提升力、三元关系构建力方面的角色特别重要。在组织发展引领方面，校长要重塑学校组织定位，凝练发展愿景和价值观，构建有利于学校发展的组织环境；在团队效能提升方面，校长要转变管理者角色，构建连接紧密、共享、合作型的组织文化；在三元关系构建方

---

① 刘莉莉. 新时代校长领导力提升的价值意蕴与路径探析[J]. 中小学管理，2023(03)：13—16.
② 岳伟，苏灵敏. 五个向度：新时期校长文化领导力的核心特质[J]. 教育科学研究，2022(06)：66—71.

面,校长应关注分享权力,提升中层干部执行力,培养教师专业发展力,培育学生创新力。①

二是学校氛围的营造。"氛围"是一个很难说清楚却事关每个人感受的事情,我们常说,一所学校"氛围不错",既指学校在整体上给"外人"的感觉,其实同时也指向身处其中的每个人如何言说这种"氛围"、如何在其中互动交流、如何共同维护经营这样的"氛围"。例如,我们数学组有个小传统,每届高三的老师都会在前人整理的基础上,把新一届高三的资料整理备份好,再传递给下一届高三的老师们,为的就是能让高三老师工作负担稍稍减轻一些,对于第一次带高三的老师而言更可以迅速学习和上手使用,节省了自行摸索的时间,也大概率规避了风险。这看似特别日常的学科组内"传统",一坚持便是十几年,培养了大批优秀的教师,也让数学组真正成为学习共同体,并带动其他学科组纷纷效仿,影响了学校整体的氛围。

二、张弛有度:制度建设与文化浸润

每所学校都有制度建设、文化建设,很多时候这两者也很难分开,即制度是学校文化的一部分,学校文化也会嵌入制度研制过程,体现在具体的制度文本中。从校长领导的角度来看,学校的制度文化也是校长如何理解办学理念、管理服务、领导实践的反映。正如有学者指出的,校长领导力必须在不同制度、学校背景、社区、经济等环境中重新审视,根据学校情境选择领导策略,领导力在领导者、追随者与客观环境的复杂互动中形成。中小学校长必须改变传统的领导模式,形成与其相适应的领导能力,中小学校长需要建构起战略领导和战术领导、管理领导和教学领导、个别领导和集体领导

---

① 成欣欣,张爽."双减"背景下校长领导力的提升[J].湖北社会科学,2023(03):149—154.

等多元视角耦合统一的管理模式。①

在实践中,可能每位校长都是在综合使用多种策略与"领导力"。但无论"组合拳"怎么打,其效果怎么样都可以看看这所学校的老师、学生有没有体验到"幸福",是不是每天起床愿意去"上班""上学"。这种直接的观察在学者专家们的研究中也有对应的发现。例如,王恒等学者以华南某地区中小学教师为研究对象,探究校长教学领导力对教师幸福感的影响,发现校长教学领导力通过两种路径正向作用于教师幸福感:一是校长教学领导力对教师幸福感有显著的直接效应;二是"教师集体效能感→教师自我效能感"在两者之间起到显著的链式中介效应。②

在学生文化方面,李华、程晋宽基于国外校长领导力实证研究五大理论模型,分析并总结了校长领导力对学生成绩的影响机制,即学校发展的政策背景、校长的专业培训、学生的家庭背景、利益相关者的需要等都会对校长领导力产生影响,而校长领导力与这些变量的相互作用又会对学校条件、教室条件以及教师质量产生影响,进而影响学生成绩。③ 熊华夏等学者围绕学生的社会情感能力开展研究,发现校长变革型领导对学生社会情感能力具有显著正向预测作用;教师社会情感信念、教师社会情感能力在变革型领导和学生社会情感能力之间起独立中介作用;教师社会情感信念、教师社会情感能力在变革型领导和学生社会情感能力间起链式中介作用。④ 随着"双减"的深入,学生的全面发展与幸福感也受到更多的关注,有研究发现校长教学领导力对学

---

① 徐莉,杨丽乐.新时代基于"双螺旋式"结构的中小学校长领导力的核心要义与发展方略[J].现代教育管理,2021,(07):97—104.
② 王恒,宋萑,王晨霞.校长教学领导力对教师幸福感的影响——以教师集体效能感和自我效能感为链式中介[J].全球教育展望,2020,49(06):90—101.
③ 李华,程晋宽.校长领导力是如何影响学生成绩的?——基于国外校长领导力实证研究五大理论模型的分析[J].外国教育研究,2020,47(04):71—89.
④ 熊华夏,毛亚庆,关迪,等.校长领导力如何影响学生社会情感能力——教师社会情感信念和教师社会情感能力的链式中介作用[J].教育学术月刊,2023,(07):60—68.

生学校幸福感有直接和间接的影响,教师教学效能感与师生关系在二者之间起到了链式中介作用,因此校长教学领导力水平的提高,能够有效激发教师教学效能感,促进良好师生关系构建,进而提升学生的校园幸福感。[1]

  无论是学术研究意义上的哪种类型的"领导",我认为,在具体的学校实践中,能让教师认同学校的制度规定,能在学校文化中每天开心、快乐,就是最好的效果体现。例如,经过多轮面向全校师生的建议征求,我们把学校里的一些"角落"进行了重新改建、装修,把这些常常被师生遗忘的校园一角变成可坐可立、可谈心可发呆的学校生活的一部分。这貌似是学校硬件的改善,实则是学校制度、文化运行的一个小小例子。学校空间的重新利用、用来做什么、如何用首先是个制度问题,其程序的"合法性"需要有制度支撑。此外,师生共同参与设计、共同使用又是学校整体文化的具体表现。如果没有宽松、平等、尊重、开放的师生互动、生生交往的氛围,我想,也不大可能在课余时间看到老师、学生,甚至是偶尔来访的家长、校外访客,那么自然地流连在我们精心设计的各种开放空间之中。

  这种文化浸润会体现在每位教师身上,也会在不同"代"的老师相遇之时产生微妙的化学反应。例如,我们的小金老师在与退休老教师的交流中,便在"故事"之中听出了"门道"、体悟到了教育的文化内核所在。用她的话说,就是"爱和理解才是教育最本质的东西"。

  4月25日上午,退休教职工联络组长回"娘家"了。我来到学校门口,正好迎到了回"娘家"的程琦欢老师。我们俩一边走一边聊,过程中她给我讲了这样一个发生在当年学校门口的故事……

  那是一个早上,程老师和另外一位老师在学校门口值勤。同学们纷纷背着书

---

[1] 陈霜叶,荣佳妮,郭少阳.如何让学生在学校感到幸福——校长教学领导力作用机制探索[J].教育研究,2023,44(02):88—100.

包来上学了,这时候走来了一个学生,手里拿了一套煎饼,被另外一位老师给拦下来了,让他吃好了再进校。不知怎么的,该学生火冒三丈把饼扔在地上,气呼呼地冲进了学校。程老师观察到了这个孩子异常的举动,同时心里也惦记着这个孩子没吃早饭,肯定肚子会饿的。为此,她专门去买了一套饼回来。她找到这名学生,问他为什么这么生气。学生告诉她,在他前面就有个同学带饼进校门了,老师也没拦他,他觉得那位老师的做法不公平,所以才这么生气。

遇到这个情况,程老师是怎么做的呢?她找到了之前带饼进校的那位同学了解了情况,那位同学说他是把饼藏在了袖子里,值班的老师没看见,才进的校门。当得知这个情况后,生气的那位同学意识到自己误会了,羞愧得无地自容,也认识到了自己的错误,当即表示以后吃好早饭进校,同时在没有了解情况的时候也不能冲动,乱发脾气。这时候,程老师拿出了她买回来的饼递给了他,让他吃早饭。据程老师说,这个孩子当时感动得流泪。我也了解到这个孩子是之前程老师没有接触过的。

作为教师,我们人人都是德育工作者。这个故事告诉我们:用爱和理解成就最好的教育。"凡事从爱和理解出发",就是要求我们遵循教育教学规律和学生发展特点,全面了解学生的情况,在学生长大成人的过程中,用"基于学生"的视角,通过"在学生中"落实,才能达成"为了学生"的目标。"爱和理解"给予学生的是最有深度、力量和温暖的教育,这样的教育才最有效。

制度与文化是相辅相成的两个元素。从某种意义上说,学校的规章制度塑造了生活在其中的师生,这种塑造并不是"规训""要求",而是支撑这种强制性的学校文化。每位教师、学生也并不是简单地遵守规则、服从制度安排,而是自愿、自主地将自身的"权力"让渡给"集体意识""专业精神"和我们共同努力构建的"学习社区"。①

---

① [加]迈克尔·富兰.变革的挑战:学校改进的路径与策略[M].叶颖,高耀明,周小晓,译.北京:北京大学出版社,2013:30—31.

三、学会决策:分布式领导与价值引领

> ◇ 班子队伍践行"程序精致实效"工作要求,秉承"服务导向""问题导向"的工作作风,引领"同心同德,共创特色"的好风尚。

有人说,校长是一所学校的"掌舵人"。大概意思是指校长把握着航行的方向,让船上的员工都有归属感、认同感、价值感,对可能的风险进行预判与规避,保证乘船的人都能安全、舒适、愉快地享受他们各自的旅程。如果延续这个把学校比作巨轮、把在校生活比作旅程的比喻,也许我们同样可以说,巨轮只有"掌舵人"是远远不够的,巨轮的每个部门、每个部位需要及时协调、有效协同,才可能让巨轮运转正常,并能及时规避风险、乘风破浪。在这个意义上,我特别认同"分布式领导"这个概念。从字面上理解,分布式领导重点在"分布"两个字,既是一种制度化、结构化的"布局",也是团队建设、管理骨干培养历练的方式。我所理解的分布式领导,最为重要的是"放权不放责"。"放权"是让小伙伴们有充分的空间做决策,大胆尝试和探索自己的想法,同时,"不放责"又是"放权"的保障,能够让小伙伴们在经过深思熟虑、团队充分研讨的前提下后顾无忧地做决定。这个过程不仅对教师个人而言是重要的历练,对学校组织来说,也是文化建设的重要路径。只有让越来越多的骨干教师、中层干部敢担当、敢决策,才有可能让分散的智慧真正流动起来,形成合力。

我们在实践中的探索与体会也和专家学者们的研究在一定程度上有所契合。赵迎发现分布式领导的概念经过从基于群体视角、基于分布式认知视角到基于情境化实践视角的演进发展,其理论和实证探寻在当下已经开始转向如何让领导实践得以更好地延伸与分享。一些学者提出发展"领导者共同体"的思想,他们指出分布式领导是共同体的内在要求,共同体则为分布式领导提供了实践载体,"领导者共同体"是情境化

视角下分布式领导的一种理想实践。① 郑巧、李凌艳结合分布式领导力理论,采用社会网络分析法对北京市三所中学共79个教研组织的分布式领导力进行测量,共提取三个测量指标,包括"多领导者"维度(可以通过"教师领导者占比"指标体现)、"互动行为实践"维度(可以通过"组织活跃度"和"组织互惠性"两个指标体现),结果表明79个教研组织可以划分为网状协作型、分散疏离型和条状互惠型三种类型,不同学校在组织类型的分布上呈现出了明显的校际特点。② 在教师文化方面,有学者发现分布式领导能够正向预测教师工作满意度;教师合作和教师自我效能感在分布式领导与教师工作满意度之间既有独立的中介作用,又发挥链式中介作用。③

这些已有的研究、学者的观点对于我们一线的实践有许多启发。在价值引领方面,我想,无论是在什么样的学校、在哪所学校,其核心都可以总结为"教书""育人""凝心""聚力"八个字。

(一)"教书":拓展教学的宽度

在"双新"的要求下、五育并举的时代背景下,学校进一步丰富综合实践活动、劳动和美育等课程,持续挖掘学校资源潜力,依托高校背景,开发跨学科、项目化学习类课程资源,进一步满足学生核心素养培育的要求;进一步推进以项目化学习引领的"融合育人"课堂教学实践探索,推动课堂教学变革。

(二)"育人":提升互动的温度

围绕"立德树人"的根本任务,立足本校学生特点,依托学生发展中心,进一步抓好

---

① 赵迎."领导者共同体"——情境化视角下分布式领导的一种理想实践[J].理论学刊,2018,(03):91—97.
② 郑巧,李凌艳.学校教研组织分布式领导力的测量及其类型分析——基于社会网络分析法[J].教育学报,2022,18(02):148—160.
③ 龚婧.分布式领导对教师工作满意度的影响:教师合作与教师自我效能感的中介作用——基于TALIS 2018上海教师数据[J].全球教育展望,2023,52(05):105—118.

学生生涯教育、行为规范教育,培育学生良好的行为规范品质,增强学生生涯规划、生涯选择的意识和能力,助力学生终身发展。在生涯教育、全员导师制、行为规范教育等方面进一步完善机制,拓宽路径,整合资源,落实落细育人工作,提高育人实效。

(三)"凝心":延展认同的长度

要以教师的专业成长来"凝心",让教师在成就学生成长、学校发展的过程中成就自己。进一步加强教师队伍分层培养、梯队建设工作,强化校本培训,完善青年教师成长档案,制定个人职业发展长远规划;依托"明天的导师"工程、"课堂领航"工程等区级平台,采取以老带新、集中学习、跟岗学习等方式落实教育教学常规,助力职初教师成长;通过青年教师读书会、高级教师工作坊、体育工作坊等学校平台,加强教师校本培训,提升教师专业发展自觉,转变教育教学观念,提升教育教学业务能力。

(四)"聚力":共谋发展的深度

进一步建设好校家社协同育人的"新生态",凝聚更大的教育合力。进一步丰富家长学校课程,努力挖掘和壮大家庭教育指导队伍,切实做好校家合作共育,提升家长的家庭教育能力;开发社会资源课程,丰富"五育"达成的手段和方式;充分借助高校专家资源,做强教育科研、校本研修、创新素养培育、生涯规划指导等工作,提升学校办学能力和品质。

第 8 章

余音：如何写好高中多样化发展的新篇章

新时代的好少年,一定是爱运动,会读书,善思考的娃。新年里校长也有一个小心愿,我希望和你们在体育馆里约一场乒乓,我希望和你们在图书馆、张堰书院里聊聊张中人文历史的那些事,我希望在问天阁里和你们一起动手玩一下我们那些高大上的天文望远镜,我希望在学校的研习咖吧里和你们一起聊聊你们的未来和理想。2024,校长希望你们人人都能出彩,成为那个自主自强、全面发展的娃。

——2024年2月开学典礼的讲话

2023年秋,我开始担任张堰中学党总支书记、校长。面对新的学校,需要思考的问题却是相似的:如何办好这所有着八十多年校史和文化底蕴的学校?

上海市张堰中学创建于1937年8月,前身为张堰书院,1946年迁入现址,1958年9月开设高中部,1978年8月确定为金山县重点中学,1997年成为完全高中,2009年学校被命名为金山区实验性示范性高中。现为公立全日制普通高级中学、金山区实验性示范性高中、上海市普通高中"双新"实施研究与实践项目学校、上海市特色高中创建项目校、金山区"融合育人"准种子校。目前有24个班级,学生数957人,教职工121人。

在2020年学校研制的"十四五"学校发展规划中,明确指出学校在特色创建方面面临的挑战:

> 根据区教育局整体规划,学校特色创建由原来的"人文特色"调整为"天文特色",对学校整体的推进有一定影响。虽然教师对天文教育的认可度较高,但对天文教育的内涵理解不够深入,具体落实有待提升,特别是如何将天文教育融合于具体的教育教学行为还缺乏明确的策略、方法与系统性的思考,有待进一步的实践与研究。

这一挑战可能是每所学校在特色创建中都需要思考和应对的问题。主要有三个层面:一是如何保持"特色"的整体连续性;二是如何让"学校特色"流淌在师生的在校生活之中,即每天所见所闻所思所想,而不是停留在顶层设计上;三是如何在"求异"中又不失传统底色,换言之,学校的"特色"并不是靠"感觉"创造出来的,而是在张堰的历史土壤之中生长出来的。

延续这样的思路,我们请专家团队对张堰中学的基本情况进行了实证调研,以便用更加科学的方法来探探"家底",为未来的工作提供更为扎实的基础。

调查于 2023 年 12 月底展开,采取随机抽样方法,从张堰中学全体在职教师中抽取适量教师作为样本。为降低调研难度,同时便于后续的结果统计与分析,主要借助问卷星平台,通过调查对象线上填写调查问卷的方式进行。最终,共回收 51 份调查问卷,其中有效问卷共 51 份,有效率为 100%。

调查问卷共包含 13 道题目,可以分为三个部分:第一部分是基本信息,由性别、学历、年龄、教龄、在本校的年限、职称和任教学科 7 道题目组成;第二部分是张堰中学的 SWOT 分析,主要调查张堰中学在职教师对学校面临的优势、劣势、机会和威胁的认知;第三部分则主要调查张堰中学在职教师对个人和学校的期待。

根据问卷调查结果,主要采取 SWOT 分析法,从优势(S)、劣势(W)、机会(O)和威胁(T)四个方面对张堰中学面临的内外部条件进行分析,并构建 SWOT 矩阵,据其实际情况制定相关战略。

(一)优势分析

1. 文化底蕴深厚

根据问卷调查结果,许多教师都认为"历史悠久,文化底蕴深厚"是张堰中学的突出优势。确实如此,张堰中学的历史可以追溯到 1937 年,从最初的张堰初中补习班,再到张堰书院、私立浦南中学,最终发展为今天的全日制高级中学,已有八十余年的历史。在长期的历史发展过程中,张堰中学积累了深厚的文化底蕴,既丰富了学校的文化内涵,也为学校的特色建设和高质量发展奠定了坚实基础。不仅如此,张堰中学所在的张堰镇更是中国历史文化名镇,自古以来便崇文重教,为张堰中学的发展提供了丰沃的文化土壤和独特的文化基因。

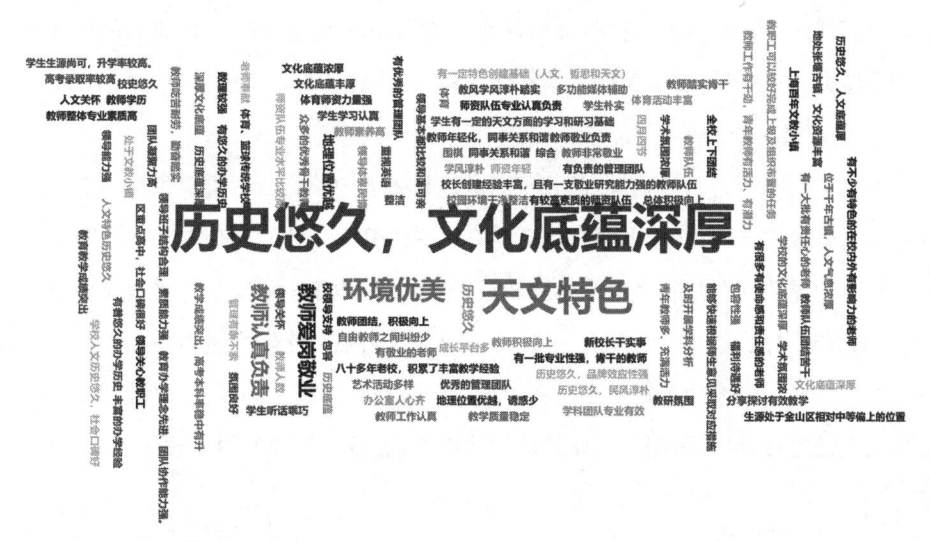

图 8-1　张堰中学存在优势的词云图

2. 天文特色突出

接受调查的许多教师都将学校的天文特色视为其主要发展优势之一。具体而言，张堰中学是金山区第一所也是唯一一所开展天文科技特色教育的学校，曾在 2022 年 11 月被中国宇航学会授予"全国航天特色学校"称号。依托天文特色，张堰中学根据学生的多样化发展需求开发了一系列特色课程资源，并积极组织开展各类航天活动，成为展示学校特色创建的重要窗口，也促进了学生在科技与创新的道路上不断成长和突破。

3. 师资力量雄厚

教师是学校发展的核心竞争力，张堰中学的重要优势便在于高素质的教师团队。根据问卷调查结果，接受调查的 51 名教师均具备大学本科及以上学历，有 11 名教师还取得了研究生及以上学历，并且具有中高级职称、教龄为 5—24 年的教师占比最多，可见张堰中学具备高质量的教学团队。调查对象也表示学校的优势在于"教师力量雄厚""学科团队专业有效""师资队伍专业水平比较高""教师爱岗敬业""教师工作有干劲,青年教师有活力、有潜力""教师们认真负责",说明张堰中学的教师不仅具备良好的专业能力,更是保持着端正的教学态度,坚持以认真负责的态度从事教学工作。

4. 管理团队专业

除雄厚的师资力量外,专业的管理团队也是张堰中学具备的重要优势。不少调查对象表示张堰中学"有优秀的管理团队""有负责的管理团队""管理有条不紊""领导体察民情""领导关怀""校长经验丰富""新校长干实事""团队凝聚力高""领导班子结构合理,素质能力强,教育办学理念先进、团队协作能力强""能够快速根据师生意见采取对应措施",可见张堰中学在发展过程中形成了以校长为核心的专业管理团队,尤其是新校长上任之后,极大地提升了学校的运作效率,赢得了教师们的一致认可。

(二) 劣势分析

图 8-2　张堰中学存在劣势的词云图

1. 硬件设施落后

虽然具有深厚的历史文化底蕴和鲜明的办学特色,但张堰中学硬件设施方面存在的问题也不容忽视。一方面,许多教师认为学校占地面积太小,师生活动场所不够,因场地限制而无法开展更多活动,且存在缺乏教师休息室、缺乏专门的公开课教室、部分教师办公室空间狭小等问题;另一方面,不少教师表示学校教育教学设施建设滞后,比如很多实验器材已经老化,而且缺乏对平板等数字化电子教学设备的大力引入。此外,学校食堂口味不佳、冬天教学楼洗手间没有热水、厕所破旧等问题也亟待解决。

2. 地理位置偏僻

虽然坐落于历史文化名镇,但张堰中学毕竟位于上海西南部远郊的金山区,距离上海中心城区近60公里,地理位置相对偏僻,并且尚未开通地铁,对外交通存在不便。而这也对张堰中学与其他学校的交流合作在一定程度上造成了阻碍,不少调查对象表示张堰中学"地处偏僻,和名校沟通比较困难""联动不足""缺少大学合作""信息壁垒(市郊)""与其他高校交流学习太少""区位优势不足,带来挑战",不利于张堰中学的高质量发展。

3. 生源质量下降

优质生源是稀缺资源,提高生源质量有利于提高教育教学效率和质量。但在51名接受调查的张堰中学在职教师中,不少教师表示学校"近年来生源质量总体下降""生源相对以往处于弱势""生源差""学生生源逐年下降"。随着高中教育阶段的扩招,以及名校对优质生源的争夺,生源质量下降的问题难以避免,对当地教育的高质量发展造成了严重危害。因此,需要着重提升教育教学质量,提高学校管理水平。

4. 师资分布不均

调查显示,师资分布不均也是张堰中学目前存在的主要劣势之一。具体而言,受访教师表示"有的学科教师太少,工作强度大,有的学科教师太多,工作量分配不均,工资上又无明显差距",这可能会引发资源浪费、教育质量下降以及教师工作满意度下降等一系列问题,不利于学校的长期高质量发展。

（三）机会分析

图 8-3　张堰中学面临机会的词云图

1. 政府政策支持学校特色创建

党的二十大报告明确提出加快建设高质量教育体系、坚持高中阶段学校多样化发展①，为特色高中的建设提供了强有力的政策支持。在此背景下，创建特色高中成为高中多样化高质量发展的重要载体和手段，不少老师在调查中都表示政府政策支持下的特色学校创建是学校发展的新机会，提出"在学校特色创建和高质量发展道路上推进学校新一轮发展""在学校特色创建和高质量发展道路上推进师资能力的全方位提升""校长特色创建经验非常丰富""发展学校特色既是挑战，也是机遇""抓好学校的特色建设，吸引区内更优秀的学生"等观点。得益于政府政策的大力支持，特色创建成为

---

① 新华社. 习近平：高举中国特色社会主义伟大旗帜　为全面建设社会主义现代化国家而团结奋斗——在中国共产党第二十次全国代表大会上的报告[EB/OL]. [2022-10-25]. https://www.gov.cn/xinwen/2022-10/25/content_5721685.htm

张堰中学全体师生的共同愿景和期待,为张堰中学的发展开辟了新的机遇。

2. 文教小镇建设提供丰富资源

基于深厚的历史底蕴和丰富的文化资源,张堰镇近年来坚持聚焦"文化+"战略,积极打造文教魅力小镇。接受调查的教师认为"张堰文教小镇的建立能给学校带来一些优势",而学校也应"利用好张堰古镇丰富的文化资源,为学校建设服务"。文教小镇的建设有利于集中丰富的历史文化资源,为学生提供更多元化的学习机会和更加广阔的视野,提高学生的学习效果,同时也有利于吸引优秀师资,提高教学质量。

3. 数字技术发展赋能教育教学

数字化转型背景下,许多受访教师都提到了数字化技术快速发展为张堰中学带来了发展机会。这主要表现在教学方法的创新、教育资源的扩展以及学生学习体验的改善等方面。智能时代背景下,数字化技术可以提供更加丰富多样的教学工具和资源,使学习过程更加互动和个性化,同时有利于提升学校管理效率。因此,张堰中学可以积极把握数字技术带来的发展机遇,促进学校的特色建设与高质量发展。

4. 专家引领促进学校特色发展

张堰中学近年来积极引进专家参与学校建设。专家们通常具备深厚的专业知识和丰富的实践经验,能够为学校提供新视角和新思路,帮助学校在特定领域形成特色和优势。通过与专家合作,学校能够在教育理念、课程设计、师资培养等方面获得有效的支持和指导,不少调查对象也表示专家引领是学校目前的重要发展机遇之一。

(四)挑战分析

1. 其他特色学校相继崛起

根据问卷调查结果,有教师表示"创办特色学校落后同区其他学校""其他学校的崛起"是张堰中学目前面临的主要威胁,尤其表现为"本区除两所市实验性示范性高中外,区内已有两所高中已顺利评上特色高中,我校落于人后,生存压力大"。可见,其他特色学校的崛起已经对张堰中学的发展构成了一定威胁。

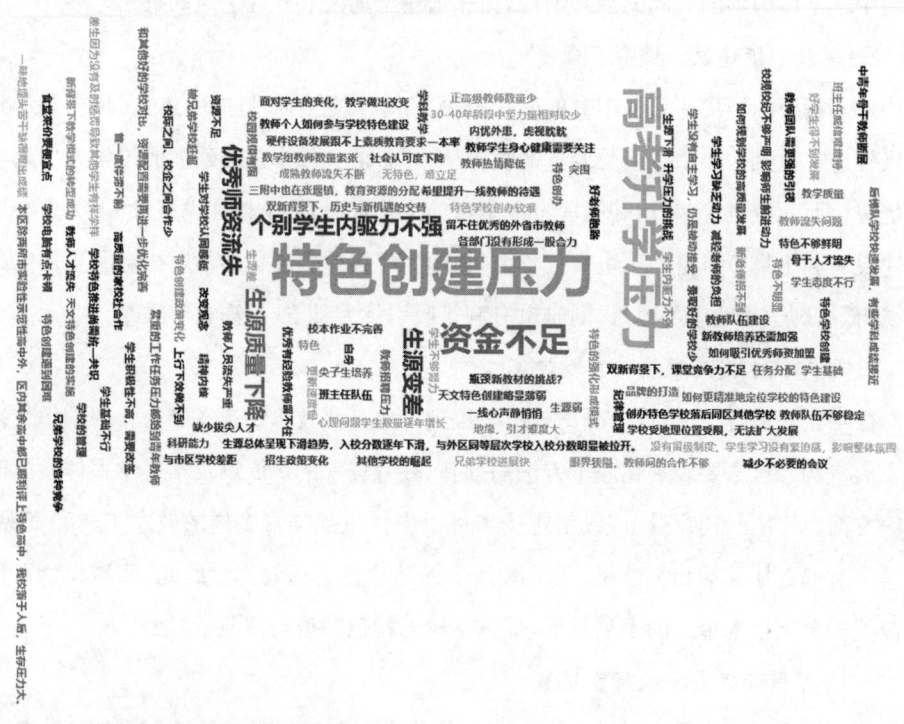

图8-4 张堰中学面临挑战的词云图

2. 生源竞争压力不断加剧

调查显示,许多教师都认为张堰中学的生源质量逐年下降,深究其原因,不少教师提到"与市区学校差距""被兄弟学校赶超""兄弟学校的各种竞争""和其他好的学校对比,资源配置需要再进一步优化完善""入校分数逐年下滑,与外区同等层次学校入校分数明显被拉开"等关键点。可见,张堰中学在吸引优质学生方面面临着巨大的威胁和挑战,而这可能还会进一步影响学校的声誉和市场地位。

3. 优秀教师资源竞争激烈

优秀教师能显著提高学校的教学质量,因此不同的学校在吸引和保留优秀教师方面存在激烈的竞争。张堰中学的师资力量虽然比较雄厚,但仍面临优秀师资流失的问题,受访教师普遍表示学校面临着"骨干人才流失""好老师跑路""引才难度大""缺少拔尖人才"等威胁。因此,需要采取有效措施吸引并保留优秀教师,提高学校的竞争力。

4. "双新"实施带来挑战

2019年6月,国务院办公厅发布了《国务院办公厅关于新时代推进普通高中育人方式改革的指导意见》,要求2022年前全国普通高中全面实施新课程、使用新教材(简称"双新")。[①] 受访教师表示,"双新背景下,课堂竞争力不足"和"新教材的挑战"都是张堰中学在发展过程中面临的威胁,即学习在适应和实施"双新"方面存在挑战,可能涉及课程内容更新、教学方法改革、教师培训与评价等诸多方面的问题。

通过对内部环境和外部环境的分析,可以得出张堰中学的SWOT矩阵,从而在此基础上结合调查对象对个人和学校发展的期待,提出张堰中学学校特色建设与高质量发展的相应战略。

表8-1 张堰中学的SWOT矩阵

	优势	劣势
内部环境分析	文化底蕴深厚 天文特色突出 师资力量雄厚 管理团队专业	硬件设施落后 地理位置偏僻 生源质量下降 师资分布不均
	机会	威胁
外部环境分析	政府政策支持学校特色创建 文教小镇建设提供丰富资源 数字技术发展赋能教育教学 专家引领促进学校特色发展	其他特色学校相继崛起 生源竞争压力不断加剧 优秀教师资源竞争激烈 "双新"实施带来挑战

根据上述SWOT分析的结果,小伙伴们就学校未来的发展方向和工作重点也达

---

① 国务院办公厅关于新时代推进普通高中育人方式改革的指导意见[EB/OL].[2019-06-11]. http://www.moe.gov.cn/jyb_xxgk/moe_1777/moe_1778/201906/t20190619_386539.html

成了共识，主要有四个方面：

一是明晰学校愿景定位。立足学校发展的历史传统、现实基础，明确发展面临的问题，努力应对挑战，打造具有人文氛围、科学探究、创新精神的学校文化。改造校园学习和活动空间，打造具有鲜明张中特色的校园空间，如，星系花园、火星篮球公园、地球家园等。

二是激发学校内生活力。探索基于项目化学习理念的国家课程实施的校本实践；创建与"双新"实施深度匹配的特色课程体系、校本作业体系；鼓励每位教师积极投身于日常教育教学工作的改进与创新之中；着力打造以学生为中心的可持续育人生态。探索德育一体化实施方式，用好退休教师的宝贵经验与资源，老党员老教师进校上思政课。

三是完善教师发展制度。加强教师梯队和跨学科团队建设；建立健全基于"五育融合"育人理念的教学、教研、培训一体化教师发展制度；探索具有"五育融合"内核、张堰中学特色的校本教研体系。

四是增强校家共育合力。坚持问题导向，理顺工作流程与机制，在融合育人、多样发展的理念引领下，切实增强育人合力。

2024年元旦，习近平总书记在新年贺词中说要"以更大力度办教育，兴科技，育人才""我们的目标很宏伟，也很朴素，归根到底就是让老百姓过上更好的日子。孩子的抚养教育，年轻人的就业成才，老年人的就医养老，是家事也是国事""我们要营造温暖和谐的社会氛围，拓展包容活跃的创新空间，创造便利舒适的生活条件，让大家心情愉快、人生出彩、梦想成真"。

作为一名校长、一名一线教育工作者，如果既能让每位老师身心健康、学有所获、业有所精，将个人成长与学校发展同频共振；也能让每个娃娃都能找到属于自己的人生方向，都能在自己选择的路上大放异彩，那么，一方面也许可以说校长的角色履行得还算及格；另一方面，也许正是在师生共同成长、协同共治的过程中，学校内外的智慧便自然而然地流动了起来，形成涓涓细流，浸润校园的每个角落、每个心灵。

参考文献

1. Kilpatrick William Heard. The project method: The use of the purposeful act in the educative process [J]. Teachers College Record, 1918, 19(4): 319—335.
2. [加]迈克尔·富兰. 变革的挑战:学校改进的路径与策略[M]. 叶颖,高耀明,周小晓译,北京:北京大学出版社,2013年.
3. [美]苏西·博斯,约翰·拉尔默. 项目式教学:为学生创造沉浸式学习体验[M]. 周华杰,陆颖,唐玥,译,北京:中国人民大学出版社,2020年.
4. 边新灿. 新一轮高考改革对中学教育的影响及因应对策[J]. 中国教育学刊,2015,(07):16—21.
5. 陈如平. 以育人方式改革为重点推动普通高中深度变革[J]. 中国教育学刊,2020(08):31—35.
6. 陈霜叶,荣佳妮,郭少阳. 如何让学生在学校感到幸福——校长教学领导力作用机制探索[J]. 教育研究,2023,44(02):88—100.
7. 成欣欣,张爽. "双减"背景下校长领导力的提升[J]. 湖北社会科学,2023(03):149—154.
8. 崔允漷,周海涛. 试论普通高中的独立价值:性质、任务和培养目标[J]. 全球教育展望,2002,(03):7—11.
9. 龚婧. 分布式领导对教师工作满意度的影响:教师合作与教师自我效能感的中介作用——基于TALIS 2018上海教师数据[J]. 全球教育展望,2023,52(05):105—118.
10. 何二林,向蓓莉,郝汉. 儒家民主视角下的中小学校长教学领导力研究[J]. 中小学管理,2023(05):41—44.
11. 霍益萍,黄向阳,李家成. 多样、开放、灵活:普通高中教育体系的构建[J]. 教育发展研究,2009,(18):15—18.
12. 乐毅,陈雯. 新一轮高考改革对普通高中教育的影响[J]. 教育理论与实践,2017,37(26):6—9.
13. 李刚. 新时代我国基础教育高质量课程建设[J]. 课程·教材·教法,2021,41(11):35—

41.

14. 李华,程晋宽.校长领导力是如何影响学生成绩的?——基于国外校长领导力实证研究五大理论模型的分析[J].外国教育研究,2020,47(04):71—89.

15. 李建民,陈如平.新时代普通高中教育转型发展关键在育人模式变革[J].中国教育学刊,2019,(09):32—37.

16. 刘莉莉.新时代校长领导力提升的价值意蕴与路径探析[J].中小学管理,2023(03):13—16.

17. 刘月霞,马云鹏.我国普通高中课程改革的特征、条件与实施策略[J].课程·教材·教法,2015,35(01):61—67.

18. 卢立涛.全球视野下高中教育的性质、定位和功能[J].外国教育研究,2007,(04):35—38.

19. 邵晓枫,郑少飞.新形势下的家校社协同育人:特点、价值与机制[J].现代远程教育研究,2022,34(05):82—90.

20. 上海市杨浦区教育局.区域层面如何高质量推进普通高中课程规划与实施[J].人民教育,2022(17):44—47.

21. 石中英.关于当前我国普通高中教育任务的再认识[J].清华大学教育研究,2015,36(01):6—12.

22. 石中英.关于现阶段普通高中教育性质的再认识[J].教育研究,2014,35(10):18—25.

23. 谭希.系统探索"双新"落地推动基础教育高质量发展——教育部2023年度普通高中新课程新教材实施国家级示范区(校)建设工作总结交流会综述[J].人民教育,2023(09):47—49.

24. 田建荣,贾锦钰.论高考改革与高中新课程改革的有效衔接[J].教育科学研究,2009,(03):5—9.

25. 王恒,宋萑,王晨霞.校长教学领导力对教师幸福感的影响——以教师集体效能感和自我效能感为链式中介[J].全球教育展望,2020,49(06):90—101.

26. 王润,周先进.新高考改革背景下高中走班制机制构建[J].当代教育科学,2016,(06):49—53.

27. 王伟.学校特色发展:内涵、条件、问题与途径[J].中国教育学刊,2009(6):31—34.

28. 王先军.推进深度教研:开掘普通高中高质量发展的源头活水[J].中小学管理,2022(08):5—9.

29. 项红专,刘海洋.学校愿景管理:意涵、价值及模式构建[J].教育科学研究,2019(09):

24—28.

30. 熊华夏,毛亚庆,关迪,等.校长领导力如何影响学生社会情感能力——教师社会情感信念和教师社会情感能力的链式中介作用[J].教育学术月刊,2023,(07):60—68.

31. 徐莉,杨丽乐.新时代基于"双螺旋式"结构的中小学校长领导力的核心要义与发展方略[J].现代教育管理,2021,(07):97—104.

32. 薛二勇.统筹协调建设高质量的教育体系[N].中国教育报,2020-12-02(02).

33. 杨清溪,柳海民.优质均衡:中国义务教育高质量发展的时代路向[J].东北师大学报(哲学社会科学版),2020,(06):89—96.

34. 杨银付,王秀江.在教育公平之路上砥砺奋斗[N].中国教育报,2019-10-10(06).

35. 于伟.激活家校社协同育人的"细胞"[J].中小学管理,2022(06),62.

36. 岳伟,苏灵敏.五个向度:新时期校长文化领导力的核心特质[J].教育科学研究,2022(06):66—71.

37. 张华,李雁冰.我国普通高中课程改革的目标[J].教育发展研究,2003,(10):7—11.

38. 张华.论我国普通高中教育的性质与价值定位[J].教育研究,2013,34(09):67—71.

39. 张紫屏.论高考改革新形势下高中教学转型[J].课程·教材·教法,2016,36(04):89—95.

40. 赵迎."领导者共同体"——情境化视角下分布式领导的一种理想实践[J].理论学刊,2018,(03):91—97.

41. 郑巧,李凌艳.学校教研组织分布式领导力的测量及其类型分析——基于社会网络分析法[J].教育学报,2022,18(02):148—160.

42. 周彬.新高考改革:经验、困境与出路[J].教育学报,2018,14(04):22—28.

43. 周彬.指向学生个性成长的高中教育转型——基于上海与浙江高考改革试点的实践研究[J].中国教育学刊,2017,(04):28—32.

44. 朱益明.新时代普通高中学校发展定位与导向[J].人民教育,2020(23):13—16.

45. 新华社.习近平:高举中国特色社会主义伟大旗帜 为全面建设社会主义现代化国家而团结奋斗——在中国共产党第二十次全国代表大会上的报告[EB/OL].[2022-10-25].https://www.gov.cn/xinwen/2022-10/25/content_5721685.htm

46. 国务院办公厅关于新时代推进普通高中育人方式改革的指导意见[EB/OL].[2019-06-11].http://www.moe.gov.cn/jyb_xxgk/moe_1777/moe_1778/201906/t20190619_386539.html